|家|庭|学|丛|书|
丛书主编 孙晓梅 李明舜

和谐家庭建设研究
——基于社会学的视角

于光君 著

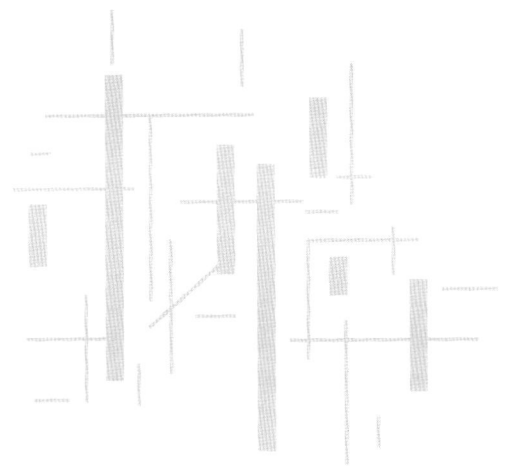

Family Studies

武汉大学出版社

图书在版编目(CIP)数据

和谐家庭建设研究:基于社会学的视角/于光君著.—武汉:武汉大学出版社,2020.12
家庭学丛书/孙晓梅,李明舜主编
ISBN 978-7-307-21877-2

Ⅰ.和… Ⅱ.于… Ⅲ.家庭社会学 Ⅳ.C913.11

中国版本图书馆 CIP 数据核字(2020)第 204661 号

责任编辑:田红恩　　　责任校对:汪欣怡　　　版式设计:马　佳

出版发行：武汉大学出版社　　(430072　武昌　珞珈山)
（电子邮箱:cbs22@whu.edu.cn　网址:www.wdp.com.cn）
印刷：广东虎彩云印刷有限公司
开本:720×1000　1/16　印张:9.5　字数:163 千字　插页:1
版次:2020 年 12 月第 1 版　　2020 年 12 月第 1 次印刷
ISBN 978-7-307-21877-2　　定价:35.00 元

版权所有，不得翻印；凡购我社的图书，如有质量问题，请与当地图书销售部门联系调换。

序

  家庭学科是研究以家庭为中心的生活方式及其表现形式的交叉学科，融合了家庭育儿、衣食住行、家庭关系和生活技术在内的综合知识，目的是提高国民的家庭生活质量，为家庭全体成员提供科学的生活指引。

  家庭学科的教学已有四百多年的历史了。近代家政学起源于美国，在美国城市化、工业化以及大量移民涌入的背景下，受过高等教育的专家开始将目光转向家庭生活领域。日本"二战"后，规定从小学到大学的男女生都必须学习家庭学科，开设家庭管理、房屋布置、家庭关系、婚姻教育、家庭卫生、婴儿教育、食物营养、园艺、家庭工艺、饲养等课程。1923年美国在中国燕京大学设立了家政系，强调家事教育是高等教育中一部分。1940年金陵女子大学家政教育专业成立，注重家庭管理与家庭经济，注重食物营养与卫生。1949年以后中国的家政学消失，改革开放后才开始恢复。目前我国有关家庭学科研究的成果主要体现在家庭教育和家庭服务领域。

  家庭学科的特点：典型的交叉学科，围绕着家庭生活质量的提高，将多种学科知识聚焦于家庭这个领域，跨学科的视角有助于带动新知识的发现和推广应用。从多个相关学科汲取知识，如教育学、心理学、社会学、营养学、经济学、医学、金融学、工学、艺术、文学等，分析夫妻的生活与健康、老年人的身心发展特点、儿童的保育方法与安全事项、家庭的权利与福利保护；探讨当前家庭面临的问题，如推迟结婚、生育率下降、离婚率提高、儿童受虐待、独生子女、留守儿童、妇幼保健、失独家庭和家庭暴力等，形成以家庭为中心的多学科交叉知识体系。这种知识建构方式带来的是原有知识融合和新知识生成，而非简单的知识罗列，这也是家庭学科存在的独特价值。建设我国的家庭学科，提高家庭学科的社会认知程度。

  相对于许多西方国家，我国家庭学科教育起步晚，出版《家庭学丛书》可建立一个比较完整的家庭学科体系，弥补我国在家庭生活理念、思维方式与科学知识传递等方面的缺位状态。为了中国家庭学科的建设与发展，2013年中华女子学院成立了"中国高校家庭学科的建立与发展研究"重点课题组，以家庭学科课程建设研究为重点，探索各种课程体系。2014年组建了全校范围内跨学科的科研团队，老师的学术背景涵盖女性学、学前教育、金融、法律、社会工作、音乐、服装、传播学、艺术、体育和建筑等领域，全校各教学领域的老师以性别发展模块博雅课程的方式向学生们讲授家庭学科的知识。2015年成立中华女子学院家庭学科研究中心，围绕"中国家庭学科的建立与发展"课题，举办了首届中国家庭学科研讨会；撰写中国家庭教育专业简明教程、大纲和教案、课程进度表等。2017年召开了第二届家庭学科研讨会，联合全国各大学研究家庭学科的专家和教师，对家庭学科的主要内容进行了科学分析，开始准备出版《家庭学丛书》。2017年中华女子学院家庭学科研究中心启动北京市社会科学基金的"基于国民家庭生活指导的家庭学科建设研究"项目（编号：17JYB010）。2018年开始论证家庭学专业在中华女子学院建立的必要性，建立家庭学科网络体系，召开第三届中国家庭学科研讨会。2019年1月成立中华女子学院家庭建设研究院，12月召开首届新时代家庭建设论坛暨第四届中国家庭学科研讨会。对家庭文明、家庭教育、家庭服务、家庭研究等与家庭相关的重点社会议题进行深入探讨。2020年3月家庭建设研究院针对新冠疫情，进行"从SARS到COVID-19，家庭建设的对策研究"，涉及家庭伦理、家庭教育、家庭卫生、家庭健康、家庭消费、家庭养老、家庭营养和食育、家庭工作等诸多领域。

目前参与《家庭学丛书》编写的专家和学者有三十多名，计划出版的家庭学科专著有25部，这些书籍将向读者展现关于家庭学科的崭新的思维构想。《家庭学丛书》的内容包括：婚姻的基础、家庭关系、家庭伦理道德、家庭中的儿童成长、家庭中的性教育、家庭与法律、家庭的礼仪、家庭的健康管理、家庭居住与环境、家庭服饰文化、家庭食品营养、家庭理财与消费、家庭中的老年人照顾、家庭中的男性角色等。

《家庭学丛书》是促进家庭和睦、构建和谐社会的需要。人的一生有三分之二的时间是在家里度过，家庭是生活幸福的关键，人们掌握了家庭学科的知识，会促进社会和家庭有序和谐地发展。从家庭科学兴起和发展的历史来看，男女两性掌握家庭学科的知识，男女平等基本国策方能落实到实处。丛书为家庭工作理论收集了丰富的资料。

《家庭学丛书》将深刻的道德教育寓于熟悉的现实生活，以最具体的方式教"学做人，学做事"。一个人一辈子离不开家庭，家庭知识伴随人们的一生。进行各个家庭发展阶段的教育指导，使人民树立正确的家庭责任观，培养家庭成员良好的生活习惯，指导儿童合理规划生活和学习，使家庭生活健康发展。丛书为社区家长学校提供了良好的教材。

《家庭学丛书》有利于完善中华优秀传统文化。研究家庭美德：尊老爱幼、男女平等、夫妻和睦、勤俭持家、邻里团结；研究家庭文明：建设良好的家教、家风、家训。家庭知识贯穿每个人的一生，家庭是育人的起点，是德育教育的第一课堂，家庭学科的传播是最重要的教育之一，也是立德树人的标志。家庭和睦则社会安定，家庭幸福则社会祥和，家庭文明则社会文明。丛书为创建中国家庭学科专业奠定了坚实的基础。

孙晓梅

2020 年 4 月 16 日

目 录

第一章 绪论 ··· 1
  第一节 研究背景 ··· 1
  第二节 研究现状述评 ··· 10
  第三节 研究方法 ·· 19
  第四节 理论基础 ·· 21

第二章 家庭的概念、起源及其发展 ································ 24
  第一节 家庭及其相关概念 ·· 24
  第二节 家庭的起源和发展 ·· 27
  第三节 家庭的性质 ··· 32
  第四节 家庭结构和家庭类型 ····································· 35
  第五节 和谐家庭的内涵 ·· 36

第三章 和谐家庭的特质
  ——基于22个案例资料内容的分析 ······················ 43
  第一节 案例资料来源 ··· 43
  第二节 案例资料的内容与分析 ································· 43
  第三节 和谐家庭的特质 ·· 81

第四章 和谐家庭建设的路径 ·· 89
  第一节 坚持男女平等 ··· 89
  第二节 重视和加强家庭道德建设 ······························ 101
  第三节 重视和加强家庭"和谐"文化建设 ················· 116

第四节　发挥妇联组织在和谐家庭建设中的重要作用……………… 122
第五节　发挥妇女在和谐家庭建设中的"独特作用"……………… 126
第六节　《周易·家人卦》对和谐家庭建设的价值与启示 ………… 136

参考文献……………………………………………………………… 140

第一章 绪 论

第一节 研究背景

一、国际社会非常重视家庭建设

世界范围内的家庭问题已经引起国际社会的关注。为了解决世界范围内的家庭问题，1947年6月成立了国际家庭组织，成立之初，国际家庭组织共有包括政府代表、家庭运动组织和各国家庭协会在内的27个成员。1998年，成员扩展到47个国家的127个政府、非政府组织。中国国家人口计生委于2001年1月加入世界家庭组织，2002年3月入选理事会，并被选为常务理事会成员、亚太地区副主席。世界家庭峰会由世界家庭组织主办，2004年起每年举行一届。

2004年12月第一届世界家庭峰会在三亚召开，参加峰会的专家指出，家庭规模不断缩小、人口老龄化、迁移人口增加、艾滋病肆虐，这四大趋势正在世界范围内对家庭产生影响。随着家庭结构从大家庭转变到核心家庭，家庭规模不断缩小。生育率下降、人口迁移、离婚率增加以及老年人增多是导致家庭规模缩小的原因。暴力、歧视、自然灾害和期望更好的就业机会是人口迁移的主要原因。发展中国家的城市化进程也是导致人口迁移的重要原因。上述四大趋势给家庭实现生产、再生产、社会化以及满足家庭成员各方面的需求带来了严峻挑战。2013年12月第十届世界家庭峰会在德国首都柏林开幕，与会代表呼吁，应重视家庭在社会进步中的作用，家庭作为社会最基本和最持续的单元，承担着抚育幼儿，帮助青少年走向社会，关照、赡养老人的重要职能，在实现联合国"千年发展目标"过程中发挥着重要作用，应当更加重视家庭在个人发展和社会进步中的纽带作用，更加重视家庭的基础性地位及其特殊需求。2014年12月第十一届世界家庭峰会以"和谐家庭——建设我们期望的未来"为主题，峰会发布了成果文件《珠海宣言》，突出了家庭的重要作用，呼吁国际社会在制定发展议程中引入家庭的视角，倾听家庭的声音，正视家庭形态多元化的趋势，全面加大对家庭的支持力度，以家庭为单位提供政策和服务。政府在促进家庭发展中应该履行更多的责任，发挥更大的作用，以保证老年人和儿童、青少年能够公平获得应有的照料和服务，家庭所有成员可以平等获得发展的权利，政府应以多种形式提高家庭发展能力。增强家庭的抚幼和养老功能，以及重点考虑环境变化对家庭的影响，提高家庭适应环境变化的能力，倡议开创世界家庭期望的新历程。联合国将2014年国际家庭日的主题确定为"家庭事关发展目标的实现"。

二、中国自古以来就是一个重视家庭的国家

中国是一个历史悠久的文明古国，中国可考的历史起于三皇五帝。燧人氏的时候，还处在"渔猎时代"，还没有"夫妇之伦"。到伏羲氏的时候，进入到"游牧社会"，人民从山谷中走出，分散到各处平原，"家族制度"就从此发生，所以有"夫妇之伦"。《周易》说：伏羲氏"仰则观象于天，俯则观法于地，观鸟兽之文，与地之宜，近取诸身，远取诸物，于是始作八卦，以通神明之德，以类万物之情"。"有天地然后有万物，有万物然后有男女，有男女然后有夫妇，有夫妇然后有父子，有父子然后有君臣，有君臣然后有上下，有上下然后礼仪有所错。夫妇之道，不可以不久也，故受之以恒。恒者，久也。""乾，天也，故称乎父；坤，地也，故称乎母。震，一索而得男，故谓之长男；巽，一索而得女，故谓之长女。坎，再索而得男，故谓之中男；离，再索而得女，故谓之中女；艮，三索而得男，故谓之少男；兑，三索而得女，故谓之少女。"

作为中国古代典籍名篇之一的《大学》，详细阐述了家庭建设的路径以及家庭建设的重要性。"大学之道，在明明德，在亲民，在止于至善。""古之欲明明德于天下者，先治其国；欲治其国者，先齐其家；欲齐其家者，先修其身；欲修其身者，先正其心；欲正其心者，先诚其意；欲诚其意者，先致其知；致知在格物。""齐其家在修其身者，人之其所亲爱而辟焉，人之其所贱恶而辟焉，之其所敬畏而辟焉，之其所哀矜而辟焉，之其所敖惰而辟焉。故好而知其恶，恶而知其美者，天下鲜矣！故谚有之曰：'人莫知其子之恶，莫知其苗之硕。'此谓身不修不可以齐其家。"家庭内部感情很重要，没有感情，

家也会貌合神离，但是感情用事，也会导致家庭不和。《大学》中引用《诗经》中的话语说明了家庭和睦的重要性，"《诗》云：'桃之夭夭，其叶蓁蓁。之子于归，宜其家人。'宜其家人，而后可以教国人。《诗》云：'宜兄宜弟。'宜兄宜弟，而后可以教国人。《诗》云：'其仪不忒，正是四国。'其为父子兄弟足法，而后民法之。此谓治国在齐其家。"到了近代，孙中山先生大力表彰过《大学》，他非常赞赏《大学》的格物、致知、诚意、正心、修身、齐家、治国、平天下的修养目标和修养方法，认为这些都是应该要保存的中国独有的宝贝。《孟子》也阐述了国、家、身之间的关系，"人有恒言，皆曰'天下国家'。天下之本在国，国之本在家，家之本在身。"①

中国古代非常注重家庭教育，形成了独具特色的家训文化。好家训能形成好的家风，对后世子孙立身处世、持家治业产生积极影响。许多家训至今流传不息，成为一笔丰厚的文化遗产。中国家训文化源远流长，据说，《五子之歌》是中国历史上最早的家训，记载了大禹是如何教导子孙后代做人的，"民可近，不可下。民惟邦本，本固邦宁。予视天下愚夫愚妇，一能胜予，一人三失，怨岂在明，不见是图。予临兆民，懔乎若朽索之驭六马，为人上者，奈何不敬？"大禹是这样教子孙的，"民众可以亲近，不可以看轻；民众是国家的根本，根本牢固，国家就安宁。我认为天下的人，愚夫愚妇都有超过我的地方。一个人多次犯错误，别人的怨恨未必在明处，应当在它还未形成之时就提防。我治理天下，恐惧得像用坏索子驾着六匹马；做君主的人怎么能不敬不怕？"据《史记·鲁周公世家》记载，西周政权建立以后，遍封功臣，建立诸侯国。周武王之弟周公旦，受封于鲁国。周公旦由于要留在京城辅佐侄子周成王，不能就封，就让自己的儿子伯禽就封于鲁。周公在其子伯禽去封国上任前写了《诫伯禽书》，"君子不施其亲，不使大臣怨乎不以。故旧无大故则不弃也，无求备于一人。君子力如牛，不与牛争力；走如马，不与马争走；智如士，不与士争智。德行广大而守以恭者，荣；土地博裕而守以俭者，安；禄位尊盛而守以卑者，贵；人众兵强而守以畏者，胜；聪明睿智而守以愚者，益；博文多记而守以浅者，广。去矣，其毋以鲁国骄士矣！"他告诫儿子，德行广大者以谦恭的态度自处，便会得到荣耀。土地广阔富饶，用节俭的方式生活，便会永远平安。官高位尊而用卑微的方式自律，你便更显尊贵。兵多人众而用畏怯的心理坚守，你就必然胜利。聪明睿智而用愚陋的方式处世，你将获益良

---

① 万丽华、蓝旭译注：《孟子》，中华书局2006年版，第150页。

多；博闻强记而用肤浅自谦，你将见识更广。伯禽临行之前，"周公戒伯禽曰：'我文王之子，武王之弟，成王之叔父，我于天下亦不贱矣；然我一沐三捉发，一饭三吐哺，起以待士，犹恐失天下之贤人。子之鲁，慎无以国骄人。'"周公训子，是一段关于中国家训文化最早又最可信的记载。《论语·季氏》记载了孔子庭训儿子孔鲤的故事。陈亢问于伯鱼曰："子亦有异闻乎？"对曰："未也。尝独立，鲤趋而过庭，曰：'学《诗》乎？'对曰：'未也。''不学《诗》，无以言。'鲤退而学《诗》。他日，又独立，鲤趋而过庭，曰：'学《礼》乎？'对曰：'未也。''不学《礼》，无以立。'鲤退而学《礼》。闻斯二者。"陈亢退而喜曰："问一得三，闻《诗》，闻《礼》，又闻君子之远其子也。"东汉马援针对他的侄子马严、马敦好议论人是非、结交轻薄侠客的言行，对其训诫写下《马援诫兄子严敦书》，"好议论人长短，妄是非正法，此吾所大恶也，宁死不愿闻子孙有此行也。"隋朝初年的颜之推在《颜氏家训·治家篇》中说过这样一段话："夫风化者，自上而行于下者也，自先而施于后者也。是以父不慈则子不孝，兄不友则弟不恭，夫不义则妇不顺矣。父慈而子逆，兄友而弟傲，夫义而妇陵，则天之凶民，乃刑戮之所摄，非训导之所移也。"强调了家风引导和家庭中长者、尊者表率作用的重要性。在近现代，江南钱姓家族人才辈出，若星汉灿烂，这和其先祖制定了《钱氏家训》，钱氏子孙代代相传、恪守不移、形成良好的家风是分不开的。

中国的家训内容十分广泛，几乎涉及个人、家庭、社会生活的方方面面，既包括伦理道德的要求、文化知识的教育，又包括谋生技能的传授、为人处世的告诫等。中国的家训从一开始就有明确的指向，一是训导教育子女成人成才；二是实行家庭的自我控制；三是确立良好的家风。家和万事兴，中国自古以来就有重视家庭和谐关系的传统，形成了"父慈子孝，兄友弟恭，夫正妇顺"的家庭伦理，以规范和调节家庭成员之间的关系。

三、家庭问题成为一个社会问题

秦统一六国后结束了"百家争鸣"的局面，国家的统一要求思想的统一，汉代董仲舒提出"罢黜百家、独尊儒术"被采纳后，儒学独尊成为"国学"，儒家思想被赋予了意识形态价值，从公元前2世纪的西汉初期到20世纪的清末，体制化的儒学作为官方正统思想而存在。儒家文化的逻辑理路与"家国同构"的社会事实之间具有高度的契合性，儒家思想被认为为父权制家庭的合理性提供了伦理上与文化上的支持。鸦片战争的失败激发了国人救亡图存的民族主义情绪，先后把中国落后挨打的原因归结为器物落后、制度落后，在洋务运动和戊戌变法运动后，依然没有从根本上解决问题，最后把中国落后的根源归结为文化的落后，于是，旨在批判造成中国落后挨打的旧文化的新文化运动兴起。中国迫切需要一种新的文化和新的价值体系来替代无力抵御西方入侵的文化和价值体系。尽管拿什么来代替旧的文化和价值体系在当时尚不明确，但什么应该被丢弃却是十分肯定的。在早期的民族主义探讨中，反孔的呼声很高。"五四"和新文化运动从根本上批判了儒学，并将其视为中国衰落的根源所在。西方女权主义者和受西方文化影响的中国学者将儒学视为中国历史上性别压迫之根源的认识基础，传统的家庭伦理、家庭美德、家庭关系等受到质疑和批判，传统社会所崇尚的女性所扮演的贤妻良母角色也被否定。在妇女解放和男女平等思潮的推动下，妇女被鼓励走出家门，走向社会去实现自己的人生价值，传统家庭所赖以存在的以儒家文化为基础的价值体系被消解，而现代家庭所赖以存在的价值体系未有建立起来。在新旧价值体系并存与矛盾冲突的相互激荡中，为家庭成员行为的正当性和合理性提供了两种价值预设和逻辑理路不同的说理资源，而且矛盾的焦点主要集中在女性家庭角色的扮演上。

中华人民共和国成立后，经过生产资料公有制的社会主义改造，中国进入以生产资料公有制为基础的社会主义社会，无论是农村还是城镇，家庭作为基本生产单位的功能在消解。按照国家规定，每个社会成员都隶属于一个集体，或者是生产队的队员，或是某个企事业单位的工作人员，具有劳动能力的成年家庭成员都要参加以集体为单位的社会劳动，国家实行以按劳分配为主的分配原则，根据劳动者向社会提供劳动的多少分配劳动报酬，家庭成员都是对国家负责的劳动者，父母基本上没有安排子女从事劳动以及从事什么劳动的权利。另外，国家通过法律的形式对家庭成员之间的关系以及家庭伦理等进行了规制，国家颁布了新的《婚姻法》，反对重男轻女，实行男女平等，反对父母包办、买卖婚姻，主张婚姻自由、婚姻自主。在现实生活中，婚姻始终是件严肃的事情，结婚要经过男女双方各自所隶属组织的批准，才能到民政登记结婚，离婚会对双方当事人产生不良的社会影响。性的问题是个严肃的问题，不正当的性关系不但受到社会舆论谴责，使双方当事人臭名远扬，累及家庭名声，而且还会受到组织处分，甚至会受到法律惩罚。这个时期家庭具有一定的稳定性，家庭问题还没有成为一个引起各方关注的社会问题。

随着我国改革开放不断深入和经济社会的不断发展，我国人民生活水平不断提高，城乡家庭的结构和生活方式发生了新变化。改革开放后，无论是农村还是城镇都发生了巨大变化。企业改革的一个后果是出现了大批下岗职工，下岗职工失去了单位的保障，也割裂了与单位之间的关系，由"单位人"变成了"社会人"，这对依靠工资收入维持生活的家庭来说是一个巨大的冲击，为了生存不仅要转换过去既有的"铁饭碗"观念还要转换劳动方式以获取必要的收入。农村实行联产承包责任制以后，生产队解体，以生产队为单位的集体劳动被以家庭为单位的个体劳动代替，家庭不仅是一个基本的生活单位，而且也是一个基本的生产单位，农民有了更多的自主支配的劳动时间，农村的剩余劳动力由隐性状态变为显性状态，中国经济的发展为农村劳动力向城镇的务工性流动提供了机会和条件，这对农村家庭和农民的家庭生活带来了巨大的冲击，出现了留守儿童和留守妇女这些新的社会群体，引发了一些备受关注的社会问题。

　　市场经济的发展为个人的自由发展提供了机会，但也为个人主义思想的滋生提供了土壤。由于受个人主义思想的影响，年轻人的婚姻观和家庭观发生了很大的变化，这对婚姻和家庭的稳定和谐产生了一定的影响。进入新世纪以来，中国的离婚率不断攀升。2015年6月10日，民政部发布了《2014年社会服务发展统计公报》，据民政部提供的统计数据，从全国平均水平看，1979年离婚率为4‰，1999年达到13.7‰，2003年达到15‰以上。离婚率上升最快的是北京、上海、深圳、广州等大城市。北京2003年登记结婚数是9万对，离婚4万对，已经超过40%。据民政部发布的《2013年社会服务发展统计公报》，2013年依法办理离婚手续的共有350.0万对，比上年增长12.8%，粗离婚率为2.6‰，比上年增加0.3个千分点。其中：民政部门登记离婚281.5万对，法院办理离婚68.5万对。2014年依法办理离婚363.7万对，比上年增长3.9%，粗离婚率为2.7‰，比上年增加0.1个千分点。其中：民政部门登记离婚295.7万对，法院办理离婚67.9万对。据民政部发布的《2015年社会服务发展统计公报》显示，2015年各级民政部门和婚姻登记机构共依法办理结婚登记1224.7万对，比上年下降6.3%。其中：涉外及华侨、港澳台居民登记结婚4.1万对。粗结婚率为9.0‰。2015年25~29岁办理结婚登记占结婚总人口比重最多，占39.4%，比上年增加1.4个百分点。2015年依法办理离婚手续的共有384.1万对，比上年增长5.6%，其中：民政部门登记离婚314.9万对，法院办理离婚69.3万对。粗离婚率为2.8‰，比上年增加0.1个千分点。据民政部发布的《2016年社会服务发展统计公报》显示，2016年各级民政部门和婚姻登记机构共依法办理结婚登记1142.8万对，比上年下降6.7%，其中：涉外及华侨、港澳台居民登记结婚4.2万对。结婚率为8.3‰。2016年25~29岁办理结婚登记占结婚总人口比重最大，占38.2%。2016年依法办理离婚手续的共有415.8万对，比上年增长8.3%，其中：民政部门登记离婚348.6万对，法院判决、调解离婚67.2万对。离婚率为3.0‰，比上年增加0.2个千分点。2017年全国共有婚姻登记机构1217个，办理婚姻登记场所4877处。各级民政部门和婚姻登记机构共依法办理结婚登记1063.1万对，比上年下降7.0%，其中涉外及华侨、港澳台居民登记结婚4.1万对。结婚率为7.7‰，比上年降低0.6个千分点。据民政部发布的《2017年社会服务发展统计公报》显示，2017年25~29岁办理结婚登记占结婚总人口比重最大，占36.9%。2017年依法办理离婚手续的共有437.4万对，比上年增长5.2%，其中：民政部门登记离婚370.4万对，法院判决、调解离婚66.9万对。离婚率为3.2‰，比上年增加0.2个千分点。2018年全国结婚登记人数为1010.8万对，离婚登记人数为380万对，相较去年又有提升，离婚人数已经连续15年上涨，离婚与结婚比例达到了38%，这个数字已经在8年内不断上涨了。中国离婚率逐年攀升，很大一部分原因就出在夫妻相处上。社会压力逐渐增大，这也让大家出现差异性较大的情感需求，而情感问题也随之衍生而出。其中出轨行为对婚姻的威胁越来越大。根据中司法大数据研究所制定的《关于离婚纠纷的专题报告》中显示的结果，起诉离婚的案件中9成案件夫妻双方的一方不想离婚，接近8成离婚案件的原因是感情不和，这也是离婚案件中排名第一的原因，紧随其后的是家庭暴力。据中国全国妇联公布的资料，全国30%的家庭中有动用暴力的现象。全国大约2.7亿个家庭里，大约10万个因家庭暴力而使婚姻破裂。

家庭生活中也出现了诸多不和谐的音符，令人发指的亲子相残事件不断发生。有两个典型案例很好地说明了这种情况。其中一个案例是儿子杀死了母亲。事情发生在安徽宣城市，一中年女子惨死在自己家门口。据了解，死者在县城陪读，丈夫在外打工，放暑假带孩子回老家。死者平时对儿子很好，但在学习上要求严格，由于儿子一只眼视力模糊，所以限制其玩手机。不过，孩子并不能理解母亲的苦心，甚至心怀不满，将母亲杀害。随后警方将该未满14岁的儿子带走调查。经审讯，被害人儿子对杀害母亲的犯罪事实供认不讳，弑母行为甚至早有预谋，他曾在日记里表达对母亲的不满，甚至"憎恨妈妈"。2017年8月10日晚，死者又一次拿走了孩子的手机，心中燃烧着怒火的儿子,趁母亲外出不备,拿刀将其杀死在家门口,然后若无其事地回屋睡觉。第二天早上,村民发现死者遗体,于是报警,将少年带走调查。① 另一个案例是母亲杀死了儿子。扬州母亲杀死6岁儿子藏尸床下自己睡在床上。2017年2月15日,一条令人揪心的消息在扬州人的微信朋友圈里传播:一名上幼儿园中班的6岁可爱男孩于当天清晨走失,家人心急如焚。事发后,扬州警方及附近热心居民都在积极寻找。2月18日凌晨1点18分,扬州市邗江公安分局发布警情通报:失踪男童被害,嫌疑人已被警方控制。初步查明,男孩系其母亲在管束过程中情绪失控将其杀害。② 最近被媒体曝光的北大学生吴某弑母案更是引起了国人的关注。《周易》说:"积善之家,必有余庆;积不善之家,必有余殃。臣弑其君,子弑其父,非一朝一夕之故,其所由来者渐矣,由辩之不早辩。"

家风好坏关系到党风、政风的好坏,关系到社会风气的好坏。对于干部来说,不良家风是滋生腐败的温床。自党的十八大以来,中央加大反腐力度,一批贪腐官员纷纷落马。在查处的官员腐败案件中,"家族式腐败"成为共性,引起了广泛的关注。一些官员的贪腐问题不仅涉及他们自己,还涉及他们的配偶、子女或其他亲属,更有甚者是全家总动员,形成了一个权钱交易的利益圈,一人当官,全家受益;一人"落马",牵出"全家"。

四、党和国家非常重视家庭建设

党和国家非常重视家庭建设,当代的"和谐社会"这一概念是党的十六届四中全会首次完整提出的。党的十六届六中全会以构建社会主义和谐社会为主要议题,通过《中共中央关于构建社会主义和谐社会若干重大问题的决定》,构建社会主义和谐社会是当前和今后一个时期加强党的执政能力建设的主要任务之一,而和谐家庭是和谐社会建设的内在要求和基础,社会历史的发展进程表明,任何一种人类社会都是经济基础和上层建筑的统一,家庭既反映社会的经济基础,又反映社会的上层建筑,它比较全面地表现了社会生活的基本现象。构建社会主义和谐社会就是要解决人的问题,而人所生活、生存的基础环境是家庭,家庭是构成社会的基本单元,是社会的细胞,没有千千万万稳

---

① 《又一悲剧发生!亲生儿子将母亲残忍杀害,日记内容曝光》. [EB/OL]. 东方网, 2018-03-30.

② 《母亲情绪失控将儿子杀害后藏床下,自己睡床上》. [EB/OL]. 华商网, 2017-02-19.

定和谐的家庭，就不会有一个稳定和谐的社会。和谐家庭是创建和谐社会在家庭领域的集中体现。

胡锦涛同志在党的十七大报告中提出加强"家庭美德"和"家庭责任"建设，倡导建立"男女平等、尊老爱幼、互助互爱、见义勇为"的社会风尚，这是新时期我党高度重视家庭建设的集中体现。

党的十八大以来，习近平总书记关于家庭、家教和家风问题提出了很多重要论述。2013年10月，习近平同全国妇联新一届领导班子成员集体谈话并发表重要讲话时指出："必须坚持男女平等基本国策，充分发挥我国妇女伟大作用。在革命、建设、改革各个历史时期，我们党始终坚持把实现妇女解放和发展、实现男女平等写在自己奋斗的旗帜上。要注重发挥妇女在弘扬中华民族家庭美德、树立良好家风方面的独特作用，这关系到家庭和睦，关系到社会和谐，关系到下一代健康成长。"2015年2月17日，习近平在中共中央国务院举行的春节团拜会上发表重要讲话指出："家庭是社会的基本细胞，不论时代发生多大变化，不论生活格局发生多大变化，我们都要重视家庭建设，注重家庭、注重家教、注重家风。"2015年2月27日，习近平主持召开中央全面深化改革领导小组第十次会议时强调："领导干部的家风，不是个人小事、家庭私事，而是领导干部作风的重要表现。"2015年2月28日，习近平在会见第四届全国文明城市、文明村镇、文明单位和未成年人思想道德建设工作先进代表时强调："大力弘扬中华民族优秀传统文化，大力加强党风政风、社风家风建设，特别是让中华民族文化基因在广大青少年心中生根发芽。"2016年1月12日，习近平在十八届中央纪委第六次全会上强调："领导干部要把家风建设摆在重要位置，廉洁修身、廉洁齐家。"2016年5月28日，习近平在中共中央政治局第32次集体学习时强调："要加强家庭建设，教育引导人们自觉承担家庭责任、树立良好家风，巩固家庭养老地位。"2016年11月2日，习近平关于《关于新形势下党内政治生活的若干准则》和《中国共产党党内监督条例》的说明时指出："中央政治局委员带头树立良好家风，加强对亲属和身边工作人员的教育和约束。"2016年12月10日，习近平在中共中央政治局第37次集体学习时强调："领导干部要努力成为全社会的道德楷模，带头践行社会主义核心价值观，讲党性、重品行、做表率，带头注重家庭、家教、家风，保持共产党人的高尚品格和廉洁操守，以实际行动带动全社会崇德向善、遵法守法。"2016年12月12日，习近平在会见第一届全国文明家庭代表时指出：

"家庭是社会的细胞。家庭和睦则社会安定，家庭幸福则社会祥和，家庭文明则社会文明。历史和现实告诉我们，家庭的前途命运同国家和民族的前途命运紧密相连。我们要认识到，千家万户都好，国家才能好，民族才能好。国家富强，民族复兴，人民幸福，不是抽象的，最终要体现在千千万万个家庭都幸福美满上，体现在亿万人民生活不断改善上。同时，我们还要认识到，国家好，民族好，家庭才能好。""家庭是人生的第一个课堂，父母是孩子的第一任老师。孩子们从牙牙学语起就开始接受家教，有什么样的家教，就有什么样的人。家庭教育涉及很多方面，但最重要的是品德教育，是如何做人的教育。"2018年11月，习近平同全国妇联新一届领导班子成员集体谈话并发表重要讲话时指出："要坚持男女平等基本国策，维护妇女儿童合法权益。做好家庭工作，发挥妇女在社会生活和家庭生活中的独特作用，是妇联组织服务大局、服务妇女的重要着力点。要注重家庭、注重家教、注重家风，认真研究家庭领域出现的新情况新问题，把推进家庭工作作为一项长期任务抓实抓好。要坚持以社会主义核心价值观为统领，引导妇女既要爱小家，也要爱国家，带领家庭成员共同升华爱国爱家的家国情怀、建设相亲相爱的家庭关系、弘扬向上向善的家庭美德、体现共建共享的家庭追求，在促进家庭和睦、亲人相爱、下一代健康成长、老年人老有所养等方面发挥优势、担起责任。"

中国是世界上人口最多、家庭最多的发展中国家。家庭在中国的社会和谐发展中扮演着重要角色。和谐的家庭有利于每个家庭成员自由、平等、健康和全面的发展，有利于社会的和谐与进步。和谐家庭建设既是一个崭新的理论命题，也是一个重大的实践课题。

第二节 研究现状述评

2006年10月8日至11日，十六届六中全会在北京举行，审议并通过了《中共中央关于构建社会主义和谐社会若干重大问题的决定》，把构建社会主义和谐社会摆在更加突出的地位，提出了构建社会主义和谐社会的目标和主要任务。自十六届六中全会以来，和谐家庭问题的研究开始受到学术界关注。关于和谐家庭的研究主要集中在以下六个方面。

一、孝文化与和谐家庭建设

马莉认为构建新型农村孝文化及其传承机制，是维持家庭养老保障，应对农村老龄化，建立和谐家庭与和谐社会的有效措施。① 向安强等认为在继承和弘扬传统孝道精华内容的基础上，结合建设新农村和谐农村这一现实需求，必须重构现代孝道：孝道要从注重外在仪式转变为注重内心敬爱，倡导"慈孝并重"的平等观，并实现物质赡养向精神赡养的转变。②

二、和谐家庭建设的理论与实现路径

刘继同等参考发达国家家庭福利制度模式，首次提出中国特色家庭福利政策框架，指明家庭福利服务体系建设目标、原则和制度化途径，提出家庭福利体系建设战略构想与若干政策建议。③ 唐秀华等认为和谐家庭对个人和社会的健康发展具有重要作用。改革开放以来由于我国经济结构的转型和中西文化的交流、碰撞和融合，我国的家庭观念、家庭结构、家庭功能等发生了重大变化，家庭问题也日益突出，对家庭的健康发展和社会的和谐产生了重要影响，因而认真对待我国家庭存在的问题，重塑现代人和谐幸福的家庭生活是非常必要的。④ 刘耀伦等分析了彭州市建立农村"和谐家庭档案"的基本情况、效果、作用，并提出了进一步搞好"和谐家庭档案"的对策。⑤ 张尚字认为作为社会主义和谐文化的基础，和谐家庭文化建设具有极为重要的现实意义和当代价值，把和谐家庭文化建设置于弘扬大爱精神的视阈下来探索和研究，就是要通过在全社会大力弘扬和践行社会主义大爱精神，为和谐家庭文化建设寻求一条科学化、合理化和时代化的思维进路，不断丰富和发展社会主义和谐文化。⑥ 杨雄等在借鉴国内外家庭理论研究成果的基础上，提出了和谐家庭是系

---

① 马莉：《传承孝文化，建立和谐家庭与社会》，载《兰州学刊》2008年第1期。
② 向安强、苏时乐、郑庭义、李思思：《传统孝道在建设新农村和谐家庭中的作用与重构》，载《广东农业科学》2009年第9期。
③ 刘继同、左芙蓉：《"和谐社会"处境下和谐家庭建设与中国特色家庭福利政策框架》，载《南京社会科学》2011年第6期。
④ 唐秀华、彭朝花：《创建和谐家庭，营造和谐社会》，载《西北人口》2010年第6期。
⑤ 刘耀伦、钟大松：《村及社区基层管理工作的新探索——彭州市建立"和谐家庭档案"的基本做法和经验》，载《四川档案》2006年第2期。
⑥ 张尚字：《大爱精神与和谐家庭文化建设》，载《社会科学家》2010年第6期。

统稳定与动态和谐的结合，是家庭"同心圆结构"的和谐（即包括家庭成员个体的和谐、家庭系统内部的和谐、家庭与社会环境的和谐以及家庭与自然环境的和谐四个层次）。而创建和谐家庭的实践则需要接纳多元、兼容并陈。①潘允康针对建设和谐家庭所面对的新问题、新挑战，着重阐释如何在个人行为和社会行为的统一中建设和谐家庭。要建设和谐家庭，首先要从理性上认识家庭与社会的关系，要明确家庭和谐的根本在于家庭关系和谐。② 易银珍等基于和谐理论的指引，明确了以"以人为本"为价值原则，以"和谐家庭"为价值本质，以"社会和谐发展"为价值目标的价值定位。在此基础上运用和谐理论思维，搭建以精神层面、行为和制度层面、器物层面为基础的，与各自家庭层次相适应，层层递进和发展的和谐家庭文化建设模型，以实现和谐家庭文化建设制度创新。③ 徐安琪借鉴国外的度量指标，根据中国国情建构了一个以人为本、定位关系质量的和谐家庭评估体系，并通过上海城乡1200个家庭的经验资料加以测试、评估和检验，研究结果显示，成员间恪守承诺、履行责任、相互体贴的家庭仍占主流。多数家庭的协调适应能力较强，但在情感表达、营造欢乐氛围以及人际互动中的包容、妥协尚有欠缺。回归分析结果基本验证了生命周期假说、符号互动论、家庭压力视角、文化规范分析和社会资本论的假设。其中家庭价值观对于和谐家庭的建构具有最为重要的作用。④ 陈旸认为在社会主义和谐社会建构中，和谐家庭的创建有其深刻的理论背景、战略视域和现实依据。和谐家庭在构成要素、构建核心、构建理念和构建目标等方面有着特定的内涵，和谐家庭的创建，丰富和拓展了马克思主义家庭观，为新时期家庭建设提供了新模式、体现了新定位、赋予了新使命。⑤ 潘允康从人类婚姻的动机说起，指出人类之所以需要结婚、设立家庭制度是为了传宗接代、完成人类自身的生产和再生产。婚姻从表象上看是个人行为，但从本质上是社会行为，建设和谐家庭既有个人标准，也应有社会标准。从建设和谐家庭的社

---

① 杨雄、刘程：《当前和谐家庭建设若干理论与实现路径》，载《南京社会科学》2008年第9期。

② 潘允康：《对建设平等和谐家庭的理性思考》，载《妇女研究论丛》2007年第2期。

③ 易银珍、文宁：《和谐家庭文化建设的制度创新研究》，载《湘潭大学学报（哲学社会科学版）》2013年第4期。

④ 徐安琪：《和谐家庭指标体系及其影响机制探讨——上海的经验研究》，载《江苏社会科学》2009年第2期。

⑤ 陈旸：《和谐社会视域下的和谐家庭论析》，载《湖北社会科学》2013年第6期。

会标准出发,认真履行婚姻家庭义务,遵守婚姻家庭的社会规则,对建设和谐家庭是不可缺少的。① 赵雅丽对孔子的和谐家庭教化思想做初步探讨。强调和谐家庭中妻子以贤德柔顺丈夫,成其德教的重要性;强调和谐家庭中母亲之贤在兄弟之道中的重要性;重视淑女君子所应具备之德,以构建君子淑女的和谐家庭结构;强调和谐幸福家庭中夫妻不离不弃、白头偕老的美好心愿;肯定男女恋爱中的各种情感,构建幸福美好的婚姻家庭;赞美男女相悦、适时嫁娶、建立和谐幸福家庭的时代与社会风尚。② 邝洁认为和谐家庭的要素结构问题包括关系结构、支持结构、评价结构三个方面。和谐家庭的关系结构包括和谐恩爱的夫妻关系、和谐平等的亲子关系、和谐融洽的代际关系、和谐友好的人际关系;和谐家庭的支持结构取决于物质生活、精神生活、政治环境、性爱满意这四个方面的满意指数;心态平和度、感觉幸福度、空间自由度构成了和谐家庭的评价结构。③ 姚海涛认为家庭和谐首先就意味着与社会发展的和谐,并体现和谐社会建设的基本要求。和谐家庭建设就是要把和谐社会建设的基本要求落实为和谐的家庭人际关系;而实现家庭和谐的一个基本前提就是家庭成员人格的和谐。家庭与社会发展的和谐、家庭成员关系的和谐以及家庭成员人格的和谐共同构成和谐家庭的内涵和构建的三个维度。④ 沈洁认为和谐社会建设与和谐家庭建设关系密切。构建社会主义和谐社会从总体上讲就是要努力创造一套能够促使社会和谐运行的机制,即和谐的人际关系机制、合理的资源调配机制、健康的社会运行机制、稳固的社会保障机制。建设和谐家庭则是要通过家庭成员身心和谐、家庭成员之间的和谐、家庭与社会的和谐、家庭与自然的和谐,实现每一个家庭成员的自由、全面发展。⑤ 崔应令认为在当代社会环境中存在着影响婆媳关系的多元因素。由于家庭中儿子的连接、公公潜在的左右、孙子的抚育以及为了共同的家庭和睦、发展的目的,转型社会中的婆媳关系具

---

① 潘允康:《建设和谐家庭的社会标准》,载《江苏社会科学》2010年第1期。
② 赵雅丽:《孔子和谐家庭教化思想探微——以〈诗经·郑风〉与上博简〈孔子诗论〉为视角之考察》,载《求实》2006年第S2期。
③ 邝洁:《论构建和谐家庭的要素结构》,载《深圳大学学报(人文社会科学版)》2011年第5期。
④ 姚海涛:《论和谐家庭的内涵及其构建》,载《学术论坛》2010年第8期。
⑤ 沈洁:《论和谐社会与和谐家庭建设》,载《中国青年政治学院学报》2013年第1期。

有合作本质,这种合作的本质是构建乡村和谐家庭的基础。① 许放明认为家庭是社会的基本单位,家庭成员之间关系的和谐是社会整体和谐的基础。在人类社会的不同发展阶段,家庭和谐的模式也是不同的,各有特色。传统社会的和谐家庭模式可归结为功能协调型和谐模式,社会转型期的和谐家庭模式可归结为角色期望吻合型和谐模式,而现代社会的家庭追求的是情感协调型和谐模式。② 杨荣在实地调查的基础上,从家庭和社会两个维度来分析,为社会主义新农村和谐家庭的建设提出了一些对策。③ 林盛中等认为建设和谐家庭对构建社会主义和谐社会具有积极的促进作用。构建和谐家庭有利于稳定低生育水平,有利于提高出生人口素质,有利于抑制出生人口性别比升高。构建和谐家庭必须依据构建社会主义和谐社会的基本要求和家庭的性质、特点以及各种类型家庭的不同情况进行设计,并制定出相应的标准。④ 朱平华认为建设农村和谐家庭是建设社会主义新农村的基础工程。农村和谐家庭内涵丰富。由于种种原因,农村家庭不和谐的现象较多。因此,建设农村和谐家庭意义重大,要广辟途径,努力建设好这一基础工程。⑤ 谢素贞认为现代思想政治教育在构建和谐家庭中的作用主要表现在:可以使家庭成员树立"家和万事兴"的信念,自觉地承担起维护家庭和谐的责任;可以化解家庭成员之间的矛盾,促进家庭成员之间的团结与和睦;可以提高家庭成员的精神文明素质和道德水平,使婚姻家庭关系有序地、健康地、可持续地发展。⑥ 王清等认为陶行知提倡让孩子过和谐的生活,接受和谐的教育,要求父母应该端正教育态度,更新教育观念,树立为国家培养人才的责任感;尊重儿童的人格,建立民主合理的家庭关系;深入了解儿童,按照儿童的特点进行教育;以身示范,宽严并济,营造良

---

① 崔应令:《婆媳关系与当代乡村和谐家庭的构建》,载《武汉大学学报(哲学社会科学版)》2007年第2期。
② 许放明:《社会发展与和谐家庭模式》,载《社会科学战线》2007年第4期。
③ 杨荣:《社会主义新农村和谐家庭建设的理论与对策》,载《农村经济》2009年第9期。
④ 林盛中、王胜今:《试论"建设和谐家庭"对构建社会主义和谐社会的促进作用》,载《人口学刊》2005年第4期。
⑤ 朱平华:《试论农村和谐家庭建设》,载《中国成人教育》2007年第3期。
⑥ 谢素贞:《思想政治教育在构建和谐家庭中的作用》,载《学校党建与思想教育》2011年第9期。

好的家庭环境；家庭与学校密切合作，实现家校和谐。① 罗文章认为新农村和谐家庭的建设是乡村社会和谐与稳定的重要基础和新农村建设的内在要求；构建农村和谐家庭要以建立民主平等的家庭关系、培育良好的家风、确立健康文明的家庭生活方式、建设先进的和谐家庭文化等为基本内涵；推进农村和谐家庭建设，必须从培养提高农民的科学文化素质，充实加强家庭经济基础，巩固强化家庭道德基础等几个方面入手。② 邢秀茶等认为构建和谐家庭，离不开构建和谐的夫妻关系、亲子关系。系统家庭团体辅导对夫妻关系、亲子关系改善有效。其中系统思想的应用与积极取向是系统家庭团体辅导成功的主要理论基础，在家庭辅导中记秘密红账、阳性赋义、角色互换练习是其主要技术应用。建议家长注意夫妻关系的维护与家庭"界限"的调整。③ 姚敏认为中国特色社会主义和谐家庭研究的理论依据可以概括为三个部分：中国传统优秀家庭思想，马克思恩格斯家庭思想以及社会主义家庭美德。家庭作为由夫妻关系和子女关系结成的最小的社会生产和生活的共同体，其本质也是一种集体，因此和谐家庭的构建首先要遵循集体主义价值原则。分别从夫妻关系、亲子关系、家庭经济以及亲属邻里关系四个方面提出和谐家庭应该遵循的价值规范。④

三、马克思、恩格斯家庭观与和谐家庭建设

彭朝花以马克思、恩格斯的经典著作中关于婚姻家庭问题为切入点，梳理、概述他们对婚姻家庭的精辟阐述。积极借鉴马克思、恩格斯关于家庭研究的积极成果。结合时代精神，将我国的婚姻家庭状况置于科学的价值取向下进行解读和分析，积极探索和谐家庭建设的举措。最终使人们形成正确的家庭观念，营造"人人爱家，家家和谐"的良好社会氛围，也为社会主义和谐社会提供基础和保证。⑤ 郭小香认为恩格斯在《家庭、私有制和国家的起源》中系统地阐述了一夫一妻制理论，并科学预见了一夫一妻制家庭在未来新社会的

---

① 王清、顾庆龙：《陶行知和谐家庭教育观特色考》，载《教育评论》2011年第2期。
② 罗文章：《新农村和谐家庭建设的伦理维度》，载《道德与文明》2007年第3期。
③ 邢秀茶、曹雪梅：《以和谐家庭为主要目标的系统家庭团体辅导实践研究》，载《河北师范大学学报（哲学社会科学版）》2006年第4期。
④ 姚敏：《中国特色社会主义和谐家庭研究》，兰州财经大学2019年硕士论文。
⑤ 彭朝花：《马克思恩格斯家庭观对和谐家庭建设的启示》，兰州大学2011年硕士论文。

发展状况。在一夫一妻制基础上构建和谐家庭对于进一步推进妇女解放、实现男女平等和构建社会主义和谐社会具有重大的现实意义。①

四、性别平等与和谐家庭建设

张赛玉认为家庭是国家发展、民族进步、社会和谐的重要基点。由于受到现代化、城市化等冲击，我国家庭问题频现。文章从社会性别理论视角透析现代中国家庭依然存有男强女弱的传统性别文化、性别化的性关系、从属化的女性家庭地位等传统性别意识形态的刻板建构以及家庭内部性别分工的结构化因素、女性家务劳动价值被严重低估、女性参与有酬劳动但仍处于不平等地位等劳动性别分工的等级化问题。基于这种现状，从社会性别视角对构建和谐家庭的思路进行梳理：树立和谐家庭理念，优化家庭制度的顶层设计；扫除家庭建设的性别盲点，促进社会性别主流化；支持去性别化的关怀伦理，营造性别平等文化；消解传统的劳动性别分工，建构家务劳动理想模式以及推行赋权政策模式，尊重女性成员的主体价值。② 付红梅认为性别平等是实现和谐家庭与和谐社会的重要条件和特征。和谐家庭应是保障男女人格尊严、人生价值、权利地位、家庭责任及生存和发展机会的平等基础上的新型有序状态。男女平等基本国策在我国家庭领域基本得到贯彻，但是当今家庭仍然存在一些性别不平等现象。实现基于性别平等的家庭和谐的社会途径是提高女性家庭经济地位、建设先进性别文化和进一步推进社会性别主流化。③

五、女性在和谐家庭建设中的作用

李巧玲研究了当代城市女性婚恋观对和谐婚姻家庭关系的影响。城市女性的思想意识、文化素养、个性追求以及婚恋观念对当代和谐家庭关系构建具有重要作用。现代城市女性需要完善自己，树立现代家庭观念，合理承担家务，经常与家人沟通，合理化解家庭内部矛盾，以促进家庭内部的人际和谐，在和谐家庭的构建中，实现自己的婚姻幸福生活。当代城市女性婚恋观对和谐婚姻

---

① 郭小香：《恩格斯的一夫一妻制家庭理论与和谐家庭的构建——纪念三八妇女节100周年》，载《江西师范大学学报（哲学社会科学版）》2010年第4期。
② 张赛玉：《性别回归：社会性别视野下的和谐家庭建设新探》，载《湖南社会科学》2016年第1期。
③ 付红梅、朱尧耿：《基于性别平等的和谐家庭论》，载《伦理学研究》2008年第1期。

家庭构建的影响表现在：注重婚姻质量与幸福感受影响家庭的长久性；注重经济独立和地位提高影响婚姻的稳定性；性别平等意识的强烈要求影响家庭的和谐性。发挥现代城市女性积极作用，推动和谐家庭建设，需要完善自己，带动家庭之舟向着温馨幸福的港湾前进；合理承担家务，促进家庭内部的人际和谐；经常与家人沟通，合理化解家庭内部矛盾。鼓励引导城市女性树立现代家庭观念，营造和谐幸福家庭。① 高小琴结合自己的实际工作，对在构建和谐社会中如何充分发挥妇女作用作了初步探讨。妇女在构建和谐家庭中发挥着不可替代的特殊作用，女性是构建和谐家庭的基础力量。由于妇女天生具有比男性更多的情感优势，以其妻子与母亲角色在和谐家庭的建设中，更能发挥其重要的凝聚作用。现代妇女平等的社会与家庭地位，使她们在家庭人际关系的调谐中，能更好地发挥其情感优势和重要的调谐作用。现代家庭是以爱情婚姻为基础的，处于平等地位的妻子对丈夫具有十分重要的影响力和感染力。母亲还是子女教育的第一个最重要和最主要的教师，因而，作为母亲身份的妇女的价值导向，会对其子女是否能够健康成长起着重要的作用，而且这种作用会影响子女终身。② 王伟宁认为女性在和谐家庭的建设中有着甚至比男性更重要的责任与义务。和谐家庭从女性做起，在于树立现代女性意识；在于培养家庭成员的独立行为能力；在于建立家庭的核心凝聚力。③ 孙梅玲认为和谐家庭关系作为职业女性发展的重要动力和支撑因素，帮助职业女性建立和谐的家庭关系具有迫切性和现实性。其选取天津市×科技园的部分职业女性作为研究对象，通过问卷调查和深度访谈的方式分析天津市民营企业职业女性的家庭关系整体状况，发现职业女性目前家庭关系处于亚健康状态，主要表现在亲职教育压力大、夫妻沟通不畅以及个人精神需求长期得不到满足三方面。④ 李静从分析女性婚姻心理的误区入手，找到女性婚姻心理误区导致家庭不和谐的种种表现，进而提出解决问题的途径与方法，如建立平等民主的夫妻关系，主动营造和谐

---

① 李巧玲：《当代城市女性婚恋观对和谐婚姻家庭关系的影响》，载《吉林广播电视大学学报》2014年第6期。

② 高小琴：《妇女如何在构建和谐社会、和谐家庭中发挥作用》，载《中小企业管理与科技·下旬刊》2012年第2期。

③ 王伟宁：《论女性在营造和谐家庭中的责任与义务》，载《河北广播电视大学学报》2006年第3期。

④ 孙梅玲：《民营企业职业女性和谐家庭关系建立的社会工作干预研究——以天津市×科技园为例》，天津理工大学2018年研究生学位论文。

家庭氛围，积极解决矛盾等。① 丁丽芳主要分析了女性受教育程度提高对于构建和谐家庭中婚姻关系、家庭关系、家庭文化建设及邻里关系的有利影响。为了和谐家庭的建设应不断提高女性的受教育水平。女性受教育程度的提高有利于建立稳定的婚姻关系。在构建和谐家庭中，没有真正的男女平等就不可能有家庭的和谐。女性受教育程度提高可以促使其自身修养的提高，改变女性的社会地位。而且女性受教育水平越高，其收入越高，越有利于家庭中平等关系的建立，越有利于和谐家庭的构建。女性受教育程度提高有利于家庭关系的处理。女性受教育程度的提高有利于家庭成员形成健康的生活方式。女性受教育程度的提高有利于邻里关系的和睦。② 林葆先认为保障妇女权益是构建和谐家庭的必要条件。由于历史和现实的种种原因，妇女权益仍存在影响家庭和谐的若干问题。从法律、道德、制度等方面探讨健全妇女权益的保障机制，探讨构建和谐家庭的相关对策，既是理论任务又是实践要求。构建和谐家庭，无法忽视女性的作用。国家在"男女平等"的基础上由相关的法律法规确立了比较完整的妇女权益保障体系，但实践中，妇女权益受损而使家庭不和谐的问题仍很突出。构建和谐家庭必须保障妇女权益。男女两性是家庭的自然基础。夫妻、父母、子女等不同性别家庭成员间的融洽是家庭和谐的重要内容。而要实现两性家庭成员的真正协调，前提是必须实现两性地位的真正平等。妇女权益缺失是影响家庭和谐的主要问题。③ 蔡荷芳认为《女诫》是封建社会特定历史条件下的产物，重读《女诫》，扬其精华，弃其糟粕，对于构建现代和谐家庭有一定的借鉴作用。④

六、妇联组织对家庭建设的作用

妇联组织和家庭建设有着密切的联动关系，它们相互依赖、相互制约、相互适应。妇联组织对家庭建设的作用表现为：引导妇女发挥独特优势，促进家

---

① 李静：《女性婚姻心理误区对构建和谐家庭的影响》，载《辽宁工业大学学报（社会科学版）》2015年第5期。

② 丁丽芳、王静：《女性受教育程度对建设和谐家庭的影响》，载《人力资源管理》2012年第12期。

③ 林葆先：《妇女权益保障与和谐家庭构建的问题及对策》，载《河北师范大学学报（哲学社会科学版）》2007年第2期。

④ 蔡荷芳：《论女性在封建和谐家庭建设中的角色要求——读班昭〈女诫〉再思考》，载《皖西学院学报》2009年第4期。

庭文明建设；提高妇女家庭地位，推动家庭领域性别平等。妇联组织参与家庭建设的途径主要包括：坚持群众观点，走群众路线，提高群众参与度；建立领导机制，协调各界力量，扩大社会影响，树立先进典型，予以表彰激励，增强社会引领力等。①

综上所述，目前关于和谐家庭建设的理论研究较多，从社会学角度进行的实证研究较少，没有对和谐家庭的特质进行理论概括。本研究理论研究与实证研究相结合，通过实证研究概括出和谐家庭的特质，提出和谐家庭建设的路径。

第三节 研究方法

本研究主要采用理论研究、文献研究和案例研究相结合的研究方法。

一、理论研究

理论研究，是指对社会现象、社会生活的内在联系及其规律的研究。在社会学研究中，理论研究与经验研究是相辅相成的，理论研究是经验研究的前提和向导，经验研究又是对理论研究的补充和检验。本研究采取理论研究与经验研究相结合的方法，首先对家庭的基本概念、家庭的性质、家庭的结构、家庭的类型、家庭的历史发展以及和谐家庭的内涵等基本问题进行理论分析，为经验研究提供理论框架，然后对和谐家庭的案例资料进行内容分析。

二、文献研究法

在严格意义上文献研究法并不是一种资料收集方法，而是一种新的研究方式，既包括资料的收集方法也包括对这些资料的分析方法。和其他方法不同的是，文献研究法不是直接从研究对象，即人那里获取研究所需要的资料，而是去收集和分析现存的、以文字形式为主的文献资料。文献研究法主要指搜集、

---

① 余永跃、李渺：《妇联组织在家庭建设中的作用与路径研究——以湖北省妇联组织为例》，载《山东女子学院学报》2015 年第 6 期。

鉴别、整理文献，并通过对文献的研究形成对事实的科学认识的方法。文献的类型主要有日记、回忆录、自传、信件、报刊、官方统计资料、历史文献等。内容分析、二次分析和现存统计资料分析是文献研究主要的类型。计词法、概念组分析和语义强度分析是内容分析的主要方法。本研究所收集的文献资料是妇联官方网站公布的和谐家庭、和睦家庭、先进家庭的典型案例材料，对这些文献资料进行内容分析，总结出和谐家庭之所以和谐的原因以及和谐家庭的共同特征。

三、案例研究法

案例研究法是实地研究的一种，研究者选择一个或几个案例为对象，系统地收集数据和资料，进行深入的研究，用以探讨某一现象在实际生活环境下的状况。着重对当时事件的检视，不介入事件的操控，可以保留生活事件的整体性，发现有意义的特征。相对于其他研究方法，能够对案例进行厚实的描述和系统的理解，对动态的相互作用过程与所处的情境脉络加以掌握，可以获得一个较全面与整体的观点。

案例选择的标准与研究的对象和研究要回答的问题有关，它确定了什么样的属性能为案例研究带来有意义的数据。案例研究可以使用一个案例或包含多个案例。应认为单个案例研究可以用作确认或挑战一个理论，也可以用作提出一个独特的或极端的案例。多案例研究的特点在于它包括了两个分析阶段——案例内分析和交叉案例分析。前者是把每一个案例看成独立的整体进行全面的分析，后者是在前者的基础上对所有的案例进行统一的抽象和归纳，进而得出更精辟的描述和更有力的解释。案例研究的数据来源包括五种：文件、档案记录、访谈、直接观察、参与观察和实体的人造物，实体的或是文化的人造物是最后一种证据来源。案例研究能够提供系统的观点，通过对研究对象尽可能地完全直接地考察与思考，从而能够建立起比较深入和周全的理解。但是案例研究也有其局限性，首先是难以对发现进行归纳，案例研究的归纳不是统计性的而是分析性的，这必定使归纳带有一定的随意性和主观性；其次，存在着技术上的局限和研究者的偏见，案例研究没有一种标准化的数据分析方法，证据的提出和数据的解释带有可选择性，研究者在意见上的分歧以及研究者的其他偏见都会影响数据分析的结果。

第四节 理论基础

本研究主要运用角色理论、互动理论、冲突理论和结构功能理论对家庭生活中家庭成员之间的角色扮演和彼此之间的互动,以及家庭成员互动过程中的冲突原因进行分析。

一、角色理论

角色理论不是一个完整严密的理论体系,而是来自不同知识领域的侧重于"角色"这一核心概念所进行的研究。角色理论是关于人的态度与行为怎样为其在社会中的角色地位及社会角色期望所影响的理论,试图按照人们所处的地位或身份去解释人的行为并揭示其中的规律。由于角色理论概念体系本身接近真实生活,因而具有良好的解释能力。以特纳为代表的过程角色论者以社会互动作为基本出发点,围绕互动中的角色扮演过程展开对角色扮演、角色期望、角色冲突与角色紧张等问题的研究。角色采择,指关于自己和他人角色的设想,人的社会自我的发展是通过角色采择的。角色扮演,指按常规的期望显示出来的行为,也就是个人按照他人期望采取的实际行动。W.库图不仅区分角色采择和角色扮演,而且还区分两种不同类型的角色扮演:角色扮演(role playing)和扮演角色(playing the role)。前者指个人在生活中实际扮演的角色,后者指暂时扮演某个特定的角色,如演戏。角色冲突,指一个人可以同时扮演多个角色,并能保持各角色间和谐一致,但有时也会发生角色冲突。在角色理论中通常把角色冲突区分为两类:角色间冲突和角色内冲突。角色间冲突往往与对不同角色提出不同的甚至矛盾的要求有关,个人不能同时满足所有这些角色要求。角色内冲突通常与不同群体对同一角色的体现者提出不同的要求有关。角色期望不是一成不变的,是随着时代而变化的。特纳认为角色建构就是角色领会,角色领会的过程就是角色建构的过程。①

二、互动理论

互动理论是20世纪30年代在美国兴起的一个社会学理论流派,它的主要

---

① 金盛华:《社会心理学》(第2版),高等教育出版社2005年版,第32页。

理论基础是关于人性和人的"社会性"的相关理论。互动理论认为，社会互动是指在一定的社会关系背景下人与人、人与群体、群体与群体等在心理、行为上相互影响、相互作用的动态过程。社会是人们互动行为的模式化。所谓社会变迁就是人们的社会行为发生变化，导致原有的"互动模式"的内容发生变化。家庭是"人格互动的单元"，家庭内部的角色构成和成员之间的互动关系影响家庭的和谐。

三、冲突理论

最早使用"冲突理论"这一术语的是美国社会学家科瑟尔。冲突理论着重探讨社会冲突的本质和根源，冲突的类型、预防及其在社会生活中的作用等。冲突理论主要有三个流派：一是以前联邦德国的达伦多夫为代表的辩证冲突论，认为社会内部权力分配不均是产生冲突的根源，冲突是社会生活中自发的、普遍的、基本上不能消除的因素，它应得到国家和社会的承认，并使其制度化。二是以美国的科泽为代表的积极功能冲突论，认为冲突对社会的组合、保持群体团结、巩固人际关系、控制社会变迁等有重要的积极作用，具有促进相互理解的功能。三是以美国的博丁为代表的一般冲突论，认为冲突是由财富的匮乏和道德的沦丧引起的，主张克服和限制冲突，并把克服冲突的希望主要寄托于对抗各方的理智、道德和相互谅解上。

四、结构功能理论

结构功能论的代表人物是美国著名的社会学家 T. 帕森斯。结构功能论把家庭看作社会体系的主要分支系统之一，认为家庭每个成员由于相互依赖而结合为一个整体，是趋于均衡状态的稳定的系统。构成家庭的任何一个元素发生变动都会对家庭造成有益或有害的影响；如果家庭出现冲突和混乱，则是属异常状态，家庭的和睦才是自然而正常的状态。①

五、需求层次理论

马斯洛需求层次理论是美国心理学家亚伯拉罕·马斯洛于 1943 年提出的，他将人类需求从低到高按层次分为生理需求、安全需求、社交需求、尊重需求

---

① 张红艳：《马克思恩格斯家庭伦理思想及其当代价值》，广西师范大学出版社 2015 年版，第 11 页。

和自我实现需求。在自我实现需求之后，还有自我超越需求，一般将自我超越合需求并至自我实现需求当中。一般来说，某一层次的需求相对满足了，就会向高一层次发展，追求更高一层次的需求就成为驱使行为的动力。生理上的需求、安全上的需求和感情上的需求通过外部条件就可以满足；而尊重的需求和自我实现的需求是通过内部因素才能满足的，而且一个人对尊重和自我实现的需求是无止境的。同一时期，一个人可能有几种需求，但每一时期总有一种需求占支配地位，对行为起决定作用。任何一种需求都不会因为更高层次需求的发展而消失。各层次的需求相互依赖和重叠，高层次的需求发展后，低层次的需求仍然存在，只是对行为影响的程度大大减小。马斯洛认为，一个国家多数人的需求层次结构，是同这个国家的经济发展水平、科技发展水平、文化和人民受教育的程度直接相关的。

第二章　家庭的概念、起源及其发展

第一节　家庭及其相关概念

一、家庭的概念

家庭是一个具有丰富内涵的概念，一直处在动态发展中。西方文化语境中的"家庭"一词源于拉丁语，是指居住在一所建筑物里的人们的共同体。在古代西方，"家庭"一词甚至包含了"奴隶"的意思。在罗马，*famulus*（家庭）一词代表一个家庭奴隶，并用 *familia* 一词代表属于一个人的全体奴隶，是一个包括妻子、子女和一定数量的奴隶在内的一个群体或组织。恩格斯指出："*famulus* 这个词，起初并不表示现代庸人的那种由脉脉温情同家庭龃龉组合起来的理想；在罗马人那里，它起初甚至不是指夫妻及其子女，而只是指奴隶。*famulus* 的意思是一个家庭奴隶，而 *familia* 则是指属于一个人的全体奴隶。还在盖尤斯时代，*familia*, *id est patrimonimum*（即遗产），就是通过遗嘱遗留的。这一用语是罗马人所发明，用以表示一种新的社会机体，这种机体的首长，以罗马的父权支配着妻子、子女和一定数量的奴隶，并且对他们握有生杀之权。"①"现代家庭在萌芽时，不仅包含着奴隶制（*servitus*），而且也包含着农奴制。"② 在古代罗马，早期的家庭是指在家长管辖下包括妻子、儿女、买入的市民、奴隶、牛马和其他财物等一切人和物的总和。乌尔比安在《论告示》中指出："家庭的含义可以理解为由多个人组成的实体。该实体可分为'狭义的家庭'和'广义的家庭'。狭义的家庭是指无论是基于自然，或者基

---

① 《马克思恩格斯选集》第 4 卷，人民出版社 2009 年版，第 69 页。
② 《马克思恩格斯选集》第 4 卷，人民出版社 2009 年版，第 70 页。

于法律规定处于同一个支配权之下的多个人,包括家父、家母、家女以及以后接替他们位置的孙子、孙女等,并一代一代地循序渐进。'广义的家庭'包括具有宗亲亲属关系的全部人。近代以来,叔本华、弗洛伊德及其当代的追随者们认为,家庭是肉体生活同社会机体生活之间的联系环节。"① 黑格尔在《法哲学原理》中对家庭进行了定义:"婚姻,即家庭的概念在其直接阶段中所采取的形态;家庭的财产和地产,即外在的所在,以及对这些财产的照料;子女的教育和家庭的解体。"② 在黑格尔看来,家庭是由婚姻、财产和教育构成的社会生活共同体。

在中国文化语境中,家庭的"庭"本义就是庭院、院落,"家庭"的意思是家的庭院。《尔雅·释宫第五》中对"家"的解释是:"牖户之间谓之扆,其内谓之家。东西墙谓之序。"《说文解字》中对"家"的解释是:"家,居也,从宀。"《易·家人》释文:"人所居称家,家仅有居住之意。"有关"家"字的甲骨文的考证则说,"家"象征房子底下有一只猪,因此,家的本意最初就是养猪的地方,其引申义则为一畜牧点。③

家庭,就其一般的特征来说,是以特定的婚姻形态为纽带结合起来的社会组织形式。家庭按其性质来说,可以分为群体家庭和个体家庭。就历史和逻辑而言,群体家庭先于个体家庭。群体家庭是以群婚为纽带结合而成的家庭形式,群体家庭是同原始社会中的原始人群和氏族组织结合在一起的,也称为原始家庭。个体家庭是指以一夫一妻制的个体婚姻为纽带的家庭形式,个体家庭这种家庭形式产生于原始社会末期,一直延续到现在,个体家庭也称为现代家庭。就原始群婚家庭而言,家庭不是社会的基本细胞,当时社会的基本细胞是原始群或氏族。就一夫一妻制的个体家庭而言,家庭是社会的基本细胞,是人们最基础的婚姻、经济和社会生活单位。

个体家庭首先是一个婚姻生活单位,在个体家庭中,夫妻按照一定的婚姻制度和道德规范进行婚姻生活,生育和抚养子女,赡养老人。其次,个体家庭是一个经济生活单位,家庭是生产和消费的基本单位,家庭成员同居、共财和

---

① 罗国杰:《中国伦理学百科全书(婚姻家庭伦理学卷)》,吉林人民出版社1993年版,第111页。

② [德]黑格尔著,范扬、张企泰译:《法哲学原理》,商务印书馆1961年版,第53页。

③ 罗国杰:《中国伦理学百科全书(婚姻家庭伦理学卷)》,吉林人民出版社1993年版,第111页。

合孹。再次，个体家庭也是一个社会生活单位，以家庭为基本单位教育后代，进行社会交往等。群体家庭仅仅是一个婚姻生活单位。

近代学者从不同的角度阐释了家庭的含义。弗洛伊德认为："家庭是肉体生活与社会机体生活之间的生理结合。"马克思和恩格斯认为："每日都在重新生产自己生命的人们开始生产另外一些人，即增殖。这就是夫妻之间的关系，父母和子女之间的关系，也就是家庭。"① 马克思和恩格斯从人类自身再生产的角度来阐释家庭的含义。美国社会学家 E. W. 伯吉斯和 H. J. 洛克认为："家庭是被婚姻、血缘或收养的纽带联合起来的人的群体，各人以其作为父母、夫妻或兄弟姐妹的社会身份相互作用和交往，创造一个共同的文化。"《中国大百科全书·社会学卷》对"家庭"下的定义是，家庭是由婚姻、血缘或收养关系所组成的社会生活的基本单位。② 孙本文认为："所谓家庭，是指夫妇子女等亲属所结合之团体而言。故家庭成立的条件有三，第一，亲属的结合；第二，包括两代或两代以上之亲属；第三，有比较永久的共同生活。"③

综上所述，家庭依然是以婚姻、血缘关系为主要纽带的人类社会生活基本单位。家庭也可以是以法律领养关系为基础的共同生活体；共同生活、具有密切的经济交往、情感交流是家庭成员之间的必要关系；"家"与"户"是两个不同的概念，"户"是以共同居住为标志的群体，"家"则是主要以婚姻、血缘关系为标志的群体；有婚姻关系但无血缘延续的自愿不育夫妇和有血缘关系但无婚姻形式的未婚父母及其子女组成的共同生活群体也属于家庭的范畴。④

家庭具有经济功能、生育功能、性生活功能、抚养和赡养功能、教育和社会化功能、感情交往功能、休息和娱乐功能、宗教功能和政治功能等。一般而言，社会生产力发展水平、社会制度、社会规范、文化制度、价值观念等是影响家庭功能变迁的主要因素。

中西方社会的社会结构不同，家庭结构也不同。费孝通认为："我们的社会结构本身和西洋的格局是不相同的。"中国的社会结构是差序格局的，而西洋社会结构则是团体格局的。"家庭在西洋是一种界限分明的团体。""团体是有一定界限的，谁是团体里的人，谁是团体外的人，不能模糊，一定得分清楚。在团体里的人是一伙，对于团体的关系是相同的，如果同一团体中有组别

---

① 《马克思恩格斯选集》第 3 卷，人民出版社 1972 年版，第 32 页。
② 《中国大百科全书·社会学卷》，中国大百科全书出版社 1991 年版，第 102 页。
③ 孙本文：《社会学原理》，商务印书馆 1935 年版，第 441 页。
④ 邓伟志、徐蓉：《家庭社会学》，中国社会科学出版社 2001 年版，第 20 页。

或等级的分别，那也是事先规定的。"①

二、家庭与族、家族、宗族、氏族

族就是凑、聚的意思，同姓子孙，生相亲爱，死相哀痛，时常聚会，所以叫族。族，是"簇"的假借字，原指盛箭矢的袋子，把许多支矢装在一起叫族。"族，矢锋也，束之族族也"② 家族又称宗族、户族和房头，有时又直接称为族、宗。是指同一个男性祖先的子孙，虽然已经分居、异财、各爨，成了许多个体家庭，但是还是时常相聚在一起，按照一定的规范，以血缘关系为纽带结合成为一种特殊的社会组织形式。家族有三个特点，一必须是一个男性祖先的子孙，从男系计算的血缘关系清楚；二必须有一定的规范、办法，作为处理族众之间关系的准则；三必须有一定的组织系统。一般来说，家庭和家族的关系是个体与群体的关系，而家庭和家族的主要区别在于是否同居、共财、合爨。一般情况下，家庭是家庭，家族是家族，二者是可以区分开的，只有当一个大家庭聚居于一个村落，且没有分家别籍时，一个大家庭同时也是一个家族，这种情况较为少见。较小的大家庭一般地都和同村同宗的个体小家庭合组一个家族。③

氏族也是一种以血缘关系为纽带结合而成的家族，但是，氏族并不是以个体家庭为基础结合起来的社会组织形式，一个氏族的成员并不都是一个男性祖先的子孙。

第二节　家庭的起源和发展

作为社会的基本单位，家庭不是从来就有的，家庭是社会发展到一定历史阶段的产物，因此，家庭是一个历史范畴。家庭形态是由婚姻形态决定的。

一、由"杂交性乱"到男女两性关系的规范化

家庭的产生是和男女两性关系规范的约束状态紧密相连的。根据达尔文的

---

① 费孝通：《乡土中国生育制度》，北京大学出版社1998年版，第24~28页。
② （汉）许慎：《说文解字》，中华书局1963年版，第141页。
③ 徐扬杰：《中国家族制度史》，武汉大学出版社2012年版，第4~5页。

生物进化论，人类是起源于动物的，在由动物状态走向人类状态的过渡时期，存在着任性而为、没有任何制度和规范约束的两性关系，这种两性关系状态称作"杂乱性交"，没有任何约束和制约的杂乱性交关系不具有婚姻和家庭的意义，只有在一定社会规范和制度的制约下进行的两性关系才具有婚姻的意义，才能构成家庭。

在人类蒙昧时代的初级阶段，男女两性的结合没有明确的社会约束和限制。杰出的瑞士历史学家和法学家巴霍芬（1815—1887）在 1861 年出版的《母权论》一书中指出，最初男女两性之间存在着毫无限制的杂交关系。在巴霍芬研究的基础上，摩尔根在追溯家庭演化史时，也得出和巴霍芬相同的结论。他通过在原始部落的实地考察进一步推断出处于原始状态的人类盛行毫无节制的性交关系。马克思在《摩尔根〈古代社会〉一书摘要》中明确指出："最古是：过着群团的生活，实行杂乱的性交；没有任何家族。"① 中国的古典文献中也有关于原始社会"杂乱性交"的记载。《吕氏春秋·恃君篇》记载，"昔太古……其民聚生群居，知母不知父，无亲戚兄弟夫妻男女之别，无上下长幼之道。"《列子·汤问》篇中有"男女杂游，不媒不聘"之说。

杂乱性交状态是人类从动物界发展出来的不可缺少的环节。"在这样一个遥远的时代，既谈不上有任何技术，也谈不上有任何制度。"② 马克思认为"杂交的男女关系"是"无婚姻之可言"的，恩格斯也认为杂乱性交状态不是人类史上的第一个家庭形式。杂乱性交是男女两性关系处于原始状态的一种表现，杂交不等于杂婚，因为性交和婚姻是两个不同的概念，杂婚是要以存在一定的婚姻形式为前提的。原始人群没有婚姻和家庭。经过杂乱性交关系阶段，开始进入第一个家庭形式。

二、血婚制家庭

血婚制家庭是家庭发展的第一阶段，出现在蒙昧时代的中级阶段。血婚制家庭的出现是与生产力发展分不开的。随着生产力的发展，出现了以性别和年龄为基础的劳动分工，年龄相近的男女成为共同劳动群体，年龄差距大的男女逐渐分开并疏远，发生性关系的机会减少，性生活逐渐分离，这逐渐形成为一种习惯。男女两性之间的杂乱性交关系开始有了社会规范的限制和约束，为家

---

① 马克思：《摩尔根〈古代社会〉一书摘要》，人民出版社 1978 年版，第 10 页。
② 摩尔根：《古代社会》，商务印书馆 1987 年版，第 19 页。

庭的产生奠定了基础。血婚制家庭是最简单、最古老的家庭制度，是第一个社会组织形式。血婚制家庭最简单的禁例就是不准许父母和子女之间发生性关系，这逐渐成为人们共同遵守的习惯和制度。血婚制家庭形式的特点是，按辈数划分婚姻集团和范围，同辈的人构成夫妻圈子。即家庭范围内的所有的祖父母都互为夫妻，所有的父亲和母亲也互为夫妻，后者的子女构成第三个共同夫妻圈子，而他们的子女，再构成第四个夫妻圈，这样就排出了不同辈分之间的两性关系，排斥了祖先与子孙之间、父母与子女之间的通婚关系，两性关系的范围限制在同辈男女之间。① "同胞兄弟姊妹、从（表）兄弟姊妹、再从（表）兄弟姊妹和血统更远一些的从（表）兄弟姊妹，都互为兄弟姊妹，正因为如此，也概互为夫妻。"② 在这种家庭形式内，一对配偶的子女中的每一代都互为兄弟姊妹，并互为夫妻，"姊妹曾经是妻子，而这是合于道德的"。③

摩尔根在夏威夷发现了一种"马来式亲属制"的亲属制度，当时的夏威夷的婚姻家庭形式是普纳路亚式的，但流行的亲属称谓则反映了更早、更低级的婚姻关系。摩尔根从"马来式亲属制"的亲属制度找到了血婚制家庭存在的证据。摩尔根的研究也证明，与这种亲属制度相对应的家庭形式具有世界性。柏拉图所设想的理想家族的特征与血婚制家庭是一致的。中国永宁纳西族的亲属称谓也反映出曾经经历过的血婚制阶段。宋兆麟在考察四川俄亚纳西族婚姻关系时，也发现了同辈血缘婚的实例。历史资料和现存的事例都证明了血婚制家庭在人类家庭发展史上的客观存在。

三、伙婚制家庭

伙婚制家庭又称普纳路亚家庭，是家庭发展的第二阶段，出现在蒙昧时代的中、高级阶段。血婚制家庭排除了父母与子女之间的性关系，这是家庭进化史上的第一个进步；伙婚制家庭排除了兄弟姊妹之间的通婚关系，这是家庭进化史上的第二个进步。伙婚制家庭的特点是，一列兄弟（同胞的或血统较远的）与另一列不是自己姊妹的女子通婚；一列姊妹（同胞的或血统较远的）与另一列不是自己兄弟的男子通婚。伙婚制家庭仍然是群婚形式，在家庭范围内相互地共夫和共妻，只不过在这个家庭范围以内把妻子的兄弟除外，另一方

---

① 邓伟志、徐蓉：《家庭社会学》，中国社会科学出版社2001年版，第174页。
② 马克思：《摩尔根〈古代社会〉一书摘要》，人民出版社1978年版，第32页。
③ 马克思：《摩尔根〈古代社会〉一书摘要》，人民出版社1978年版，第32页。

面把丈夫的姊妹也除外。这样，共妻的丈夫之间不再互称兄弟，而称亲密的伙伴；共夫的妻子之间也不再互称姊妹，而称作亲密的伙伴。①

伙婚制家庭的产生仍然是自然选择的结果，与物质资料生产的进步密不可分。在长期的社会生活中，人们逐渐认识到血亲婚配的弊害，于是开始禁止兄弟和姊妹之间发生性关系。"不容置疑，凡血亲婚配因在这一进步中而受到限制的部落，其发展一定要比那些依然把兄弟姊妹之间的结婚当做惯例和义务的部落更加迅速，更加安全。"② 由于兄弟姊妹之间不能通婚，兄弟与姊妹便被分开成为不同公社的成员，"每个原始家庭，至迟经过几代以后是一定要分裂的。原始共产制的共同的家庭经济（它毫无例外地一直盛行到野蛮时代中级阶段的后期），决定着家庭公社的最大限度的规模，这种规模虽然依条件而变化，但是在每个地方都是相当确定的。不过，一旦发生同母所生的子女不许有性交关系的观念，这种观念就一定要影响到旧家庭公社的建立（这种新的家庭公社这时不一定要同家族集团相一致）。一列或者数列姊妹成为一个公社的核心，而她们的同胞兄弟则成为另一个公社的核心。摩尔根称之为普纳路亚的家庭形式，便经过这样或类似的途径而由血缘家庭产生出来了"。③ 血婚制家庭逐渐被淘汰，非血亲婚配的伙婚制家庭得以确立和发展。

四、偶婚制家庭

"氏族是出自一个共同的祖先、具有同一个氏族名称并以血缘关系相结合的血缘亲族的总和。"④ "氏族是由家庭产生的，而家庭则由本质上和氏族的成员相符合的一群人组成的。"⑤ "氏族制度，在绝大多数场合下，都是从普纳路亚家庭直接发生的。"⑥ 氏族的发展导致伙婚制家庭日渐萎缩，偶婚制慢慢发展起来。妇女在由群婚向个体婚的过渡中担当了重要的角色，妇女通过"自我献身"来实现对偶婚制的贡献，妇女的"赎身"对偶婚制的实现起了重大作用。

---

① 邓伟志、徐蓉：《家庭社会学》，中国社会科学出版社2001年版，第180页。
② 《马克思恩格斯选集》第4卷，人民出版社1972年版，第33页。
③ 《马克思恩格斯选集》第4卷，人民出版社1972年版，第34页。
④ 马克思：《摩尔根〈古代社会〉一书摘要》，人民出版社1978年版，第76页。
⑤ 马克思：《摩尔根〈古代社会〉一书摘要》，人民出版社1978年版，第25页。
⑥ 《马克思恩格斯选集》第4卷，人民出版社1972年版，第36页。

人类进入野蛮时代以后，亲属之间禁止结婚的范围越来越大，婚姻禁例日益错综复杂，群婚也就变得越来越不可能，一种新的婚姻家庭形式——偶婚制逐渐产生。偶婚制家庭是群婚向一夫一妻制的个体婚过渡的婚姻家庭形式，是一种有明确的婚姻关系，但婚姻关系又脆弱、不稳定、不牢固的个体婚，其特点是，一个男子与一个女子过不稳定的婚姻生活。偶婚制家庭的婚姻关系不是以感情为基础的，只要一方愿意，婚姻关系就可以中止，子女依然属于母亲。配偶之间的经济联系微弱，经济生活仍然属于各自的母系家族。

在偶婚制家庭中，仍然实行以母系血缘关系为纽带、成员共同参与生产活动、平均分配的原始共产制，妇女在家庭中是占统治地位的。

五、个体婚家庭

个体婚家庭即一夫一妻制家庭，是逐渐由偶婚制家庭演化出来的一种单偶制家庭形式。从偶婚制家庭到个体婚家庭是社会力量推动的产物，而不是自然条件作用的结果。生产资料私有制是个体婚家庭产生的动力，由于私有财产的出现和对子女财产继承的需要，产生了个体婚家庭，相比于以往的家庭形式，个体婚家庭的婚姻关系具有坚固、稳定的特点，个体婚家庭保证了财产沿着父系传递和继承。个体婚家庭最初出现在野蛮时代的中级阶段和高级阶段交替的时期，经历过社会发展的不同阶段，个体婚家庭一直延续到今天。

个体婚家庭的特征是，第一，个体婚家庭确立了一夫一妻的婚姻关系；第二，个体婚家庭的本质与核心是财产关系，个体婚家庭的目的就是要生育确定无疑地出自一个父亲的子女，财产由子女继承；第三，个体婚家庭的婚姻关系和亲子关系牢固；第四，个体婚家庭是独占性同居的家庭；第五，个体婚家庭是父权制家庭，女子在家庭中处于无权地位。恩格斯曾经说过，个体家庭和个体婚姻的产生是一个伟大的历史进步，它同奴隶制和私有制一起，开辟了一个一直持续到今天的新时代。①

中国的个体家庭大约产生于中原龙山文化的后期，以及同它时代大体相当的屈家岭文化晚期和良渚文化、齐家文化、大汶口文化时期，距今大约四五千年。②

---

① 《马克思恩格斯选集》第 4 卷，人民出版社 1972 年版，第 63 页。
② 徐扬杰：《中国家族制度史》，武汉大学出版社 2012 年版，第 32 页。

第三节　家庭的性质

家庭是以婚姻关系为基础的一种社会生活组织形式，家庭是自然关系和社会关系的统一，既具有自然属性，又具有社会属性。家庭是按照一定的规范和准则，通过血缘关系和姻缘关系结合起来的社会初级群体。

一、家庭是以婚姻关系为基础的社会生活组织形式

家庭作为一种社会组织形式不同于其他社会组织形式，家庭是与两性关系和婚姻有着密切联系的社会组织形式，家庭源于男女两性的结合，以婚姻关系为基础，以姻缘关系和血缘关系为纽带结合而成的社会初级群体。

男女两性的结合是家庭成立的基本条件，但是男女两性的结合必须是基于一定的伦理、风俗和法律的规定，并为一定的社会制度和风俗所认可，从而成为婚姻关系。婚姻是家庭成立的标志，是家庭的基础和根据。婚姻既具有自然属性，又具有社会属性。有婚姻即有生育，通过生育子女而形成血缘亲属关系。血缘关系是从婚姻关系而来，血缘关系是组成家庭的自然纽带，成为家庭成员相互联系的特定形式。

二、家庭是一种初级社会群体

家庭是以婚姻和血缘关系为基础，以夫妻子女为基本成员的初级群体。家庭是通过血缘关系和姻缘关系结合起来的社会初级群体。社会初级群体是社会结合的雏形，社会初级群体是人们最简单、最初步的社会关系的反映，是由面对面互动形成的、具有亲密人际关系的社会群体。人为了生存和发展，必须生活在一定的群体之中，家庭满足了人类生活的多种需要。家庭不是按社会契约，而是通过一定的仪式被规范化的由两个以上个体组成的社会群体，家庭成员在共同的生活中相互帮助，在感情上相互支持和慰藉，家庭成员之间的关系是一种亲密的情感关系，并不严格遵循着等价交换原则。家庭成员之间互动和家庭生活有着一定的规范，家庭成员的行为规范是在家庭生活中形成的，规范不是十分严格，主要依靠家庭成员的自觉性。家庭是家庭成员实现社会化的基本单位，是一种实现社会控制的基本工具。

初级群体是人际关系亲密的社会群体。亦称首属群体、直接群体或基本群体。从人类历史发展的过程来看，初级群体是最早出现的一种群体类型，如远古时期的原始人群、氏族公社时期的氏族家庭、部落等。就一个人的发育成长过程来看，家庭、邻里、儿童游戏群伙均为幼儿最早加入并在其中活动最多的群体形式，故称为首属群体或直接群体。

初级群体的概念最初是由美国社会学家库利提出来的。他在1909年出版的著作《社会组织》中，把家庭、邻里、儿童游戏群称为初级群体。他认为，初级群体"具有亲密的面对面交往和合作等特征。这些群体之所以是初级的，其意义是多方面的，但主要是指它们对于个人的社会性和个人理想的形成是基本的"。根据库利的解释，所谓初级群体，就是由面对面的互动所形成的，具有亲密的人际关系的社会群体。初级群体的特征：

第一，成员有限。初级群体一般是指2人到30人的小群体。

第二，成员间有直接的、经常的面对面互动。

第三，成员之间相互扮演多重角色，表现了全部个性。人们之间的关系是由一种角色关系转换为多重角色关系，正是初级群体形成的一种标志。从单纯的"同事"转换为亲密的"朋友"就是如此。正是在多种角色的交往中，初级群体中的成员表现了他们全部的个性，成员之间可以相互进行多方面的评价。

第四，成员间的交往富于感情。感情交流是成员间亲密关系的基础，每个成员都希望了解对方的内心，彼此间期望相互关心与安慰，有一种共同的心理维系。

第五，成员难以替代。在单位，某个职位的空缺，可以随意按程序再挑选一个人来顶替，同事关系可以不断变更。但在初级群体中，成员间充满着富于感情色彩的多种角色关系，因而某个特定成员不是随意可以由另一个人来替代的。群体中任何一个成员的缺失，都会给其他成员造成很大的心理震动。

第六，群体整合程度高。初级群体中成员彼此熟悉，关系极为复杂而密切，利益休戚相关，因而，群体意识很强，群体整合程度很高。个别成员的偏离、背叛，会招致严厉的制裁。

第七，群体控制依靠非正式的手段。在初级群体中，一般没有明确、严格的规章、制度和法律。成员行动、成员间的关系以及成员与群体的关系，主要依靠习惯、风俗、伦理道德、群体意识等非正式的手段来控制、维持。

按照群体成员联系的纽带，初级群体划分为血缘型、地缘型、友谊型和业缘型等：①血缘型初级群体是指建立在婚姻、亲子关系基础上的群体，如家庭。②地缘型初级群体是指建立在紧密相连的地域空间基础上的群体，如邻里。③友谊型初级群体是指建立在友好、信任基础上的群体，如儿童的游戏群伙、成年人的朋友群体。④业缘型的初级群体是指建立在工作联系基础上的志同道合者，如工作小组。

初级群体是连接个人和社会的第一道桥梁。随着时代的变化社会的发展，初级群体的功能也发生了很多的变化，但归纳起来，其基本功能主要有以下几个方面：

首先，承担着社会化的任务。初级群体是一个人获得社会性的摇篮，是一个人通向社会的桥梁。初级群体提供人们社会化的最基本环境，特别是儿童、青少年的身心发展，生活技能的学习、积累都紧密地依靠初级群体。正是依靠初级群体，才使儿童、青少年从以游戏、学习为主导形式的社会实践，逐步过渡到以劳动为主导形式的社会实践活动。

其次，满足人们的感情需要。随着社会的发展，初级群体在历史上承担过的许多功能，如生产、教育、社会控制等逐步转移或弱化，而主要由专门化的社会组织承担。但满足感情需要的功能却始终由初级群体承担着，还没有任何一种社会组织能够替代。

再次，维持社会的稳定。社会的稳定，一方面靠法律、制度、政权等正式的控制手段；另一方面靠道德、风俗、习惯等非正式的社会控制手段。后者主要是在初级群体中实现的。同时，初级群体发挥着社会整合功能，有助于实现社会的稳定。在初级群体中，人们获得了社会中占主导地位的思想、价值观和行为规范，从而把自己一体化到社会整体中。

家庭，作为社会的基本单位，是促进可持续的社会、经济、环境和文化发展及促进和平与安全的强大行动者。它们担负着照料、发展和保护儿童，以及培养儿童的公民价值和社会归属感的主要责任。①

家庭作为社会最基本和最持续的单元，承担着抚育幼儿，帮助青少年走向社会，关照、赡养老人的重要职能，在实现联合国'千年发展目标'过程中发挥着重要作用。应当更加重视家庭在个人发展和社会进步中的纽带作用，更加重视家庭的基础性地位及其特殊需求。②

---

① 2014年第十一届世界家庭峰会发表的《珠海宣言》中就此达成了共识。
② 中国国家卫生计生委副主任王培安在第十届世界家庭峰会开幕式上的发言。

三、家庭是受特定道德和法律约束的人类生活共同体和最基本的生活单位

一切社会生活共同体的人际关系都要靠道德和法律来调整，家庭作为一种社会初级群体和最基本的社会生活单位，家庭成员之间的关系也要靠道德和法律来调整。

第四节　家庭结构和家庭类型

一、家庭结构

家庭结构是指家庭的构成，但这种构成不是指家庭的经济、职业、文化的构成，而是特指家庭中成员的构成及其相互作用、相互影响的状态，以及由于家庭成员的不同配合和组织的关系而形成的联系模式。家庭结构就是家庭成员之间不同的组合关系和组合方式，其中既有横向的关系组合，也有纵向的关系组合。横向的组合指同代人之间的联系形式，如夫妻和兄弟姐妹之间的关系；纵向的组合指代际的联系方式，如父子、母女、祖孙的关系。家庭结构是这两种关系相统一的组合形式。① 家庭结构包含了两方面的要素，一是家庭人口要素，即家庭规模和家庭成员；二是家庭的代际要素，即家庭成员的代际分类。不同的家庭人口要素、代际要素的组合，形成不同的家庭成员之间相互联系的方式，因而形成不同的家庭结构模式。家庭结构是在婚姻关系和血缘关系的基础上形成的共同生活关系的统一体，既包括代际结构，也包括人口结构，并且是二者组合起来的统一形式。

家庭结构是受社会生产力发展水平和社会生产方式制约的，一个国家、民族或地区的经济发展水平和传统观念、风俗习惯等也影响着家庭结构。

二、家庭类型

由于家庭结构和家庭规模等方面的差异，家庭分为不同类型。

以家庭规模的大小为标准，家庭可以分为大家庭和小家庭。大家庭和小家

---

① 邓伟志、徐蓉：《家庭社会学》，中国社会科学出版社2001年版，第37、38页。

庭是相对而言的，没有统一的和绝对的界限与标准，一般来说，核心家庭是小家庭，扩大家庭是大家庭。

以家庭成员配偶的人数和对数为标准，可以将家庭分为多夫多妻制家庭、一夫多妻制家庭、一妻多夫制家庭和一夫一妻制家庭。

以家庭传袭规则为标准，可以将家庭分为母系家庭、父系家庭、平系家庭和双系家庭。

以参与和决定家庭事务的权力为依据，可以将家庭分为父权家庭、母权家庭、平权家庭和舅权家庭。

以家庭居住地为标准，可以将家庭分为从妻居家庭、从夫居家庭和单居制家庭。

以家庭的代际层次和亲属关系为标准，可以将家庭分为核心家庭、主干家庭、联合家庭和其他家庭。

此外，由于两性关系和家庭价值观念的变化，家庭形态出现了异化现象，出现了一些变异家庭。变异家庭大致有：单身家庭、同性恋家庭、非婚同居家庭、单亲家庭。非婚同居家庭分为隐蔽式与不隐蔽式两种。

第五节　和谐家庭的内涵

每一个人都与家庭息息相关，家庭是生活在其中的成员之间联系的纽带。人一出生就离不开家庭的教育和影响、离不开父母的抚育。《诗经·小雅·蓼莪》中就对父母抚养子女作了生动的叙述："父兮生我，母兮鞠我。拊我畜我，长我育我，顾我复我，出入腹我。"和谐的家庭关系能够使家庭成员在共同生活中相互帮助，在感情上相互慰藉和支持，产生一种亲密无间的情感关系，并通过家庭实现个人的发展，家和万事兴。家庭作为社会的基本细胞，一切社会关系和社会矛盾都必然会反映到家庭中，和谐家庭是和谐社会的基础。从"和谐家庭"的由来看，"和谐家庭"是由"和谐""和谐社会"等概念引申发展出来的。"和谐"这一概念自古以来就是人类所关心的重要话题。

一、中西文化中的"和谐"理念

和谐是对立事物之间在一定的条件下的具体、动态、相对、辩证的统一，它是不同事物之间相同相成、相辅相成、相反相成、互助合作、互利互惠、互促互补、共同发展的关系。这是辩证唯物主义和谐观的基本观点。和谐通常是指事物协调、均衡、有序的发展状态，和谐本身并不排斥差异和对立，和谐不仅仅是一种状态，更是一个矛盾乃至冲突不断产生又不断解决的过程。从对古今中外关于"和谐"的词源字义的考察来看，"和谐"的主要意思就是和睦协调，指的是事物的各组成部分在一定条件下达到的统一、协调、调和的状态。人们从和谐的观念出发，产生了对人类理想的生存状态即"平等、互助、协调、均衡、有序"的"和谐社会"的追求。"和谐"成为当今世界文化的主题，也是当代中国文化建设的重要目标。

中国文化和西方文化中都包含着丰富的和谐理念，对于构建社会主义和谐社会有着重要的借鉴价值。和谐理念在西方也是源远流长，丰富多彩的。西方的和谐理念源于哲学，古希腊哲学家毕达哥拉斯最早把"和谐"作为哲学的根本范畴，他认为数是万物的本源，作为世界本源的数之间存在一定的数量和比例关系，因此万事万物是和谐的，和谐产生了秩序。赫拉克里特在肯定和谐价值的基础上，提出了对立和谐观，他认为美在于和谐，和谐在于对立的统一，差异与对立是造成和谐的原因，赫拉克里特通过对立与斗争探究隐藏在和谐表象背后的深层原因，因而是一种更加深刻的和谐理念。文艺复兴后许多思想家都把"和谐"视为重要的哲学范畴。黑格尔从赫拉克里特的对立和谐观出发，扬弃了康德僵化的矛盾对立思想，提出了包含差异与对立于自身之内的同一，即"具体的同一"概念，建立起一个完整的辩证法思想体系，丰富了和谐理念的内涵，使之更加具有内部的张力。黑格尔的辩证法是更加深刻的"和谐的"辩证法。马克思真正把握了"和谐"理念，提倡社会和谐。

在西方社会学思想中，社会和谐是以社会团结、社会秩序、社会均衡和社会整合等概念出现的，这些概念本身就具有稳定、协调、和谐的含义。孔德认为社会秩序是社会和谐的特征，斯宾塞认为社会是一个和谐的有机整体，涂尔干认为社会团结是社会秩序的道德基础，帕森斯认为社会整合是社会和谐的基础，默顿认为一体性和均衡性是和谐社会的特征。

追求崇尚和谐已经积淀和凝聚为中华文化的基本精神和优秀传统。"和"与"谐"这两个字结合在一起使用，最早出现在《管子》一书中，"畜之以道则民和，养之以德则民合。和合故能谐，谐故能辑，谐辑以悉，莫能伤之"。意思是：有道则和，有德则合，有"道德"则"和合"；有"和合"则"和谐"，有"和谐"则"团结"，有"团结"则"成功"。在这里，和谐反映了与人为善的亲和力、和而不同的协调力、相辅相成的互补力、和衷共济的凝聚力、众志成城的团结力。《说文解字》:"口,人所以言,食也。"这种由口所体现出来的"调"也就是"和"。

《说文解字》:"调,和也。"于是以"调"为特征的"和"就这样产生了。《说文解字》中,对和的解释是:"和,相应也。""和"强调的是人为的即通过调剂使不同的人和事达到平衡、统一与和谐,也就是说,"和"是和睦之意,含有和衷共济、政通人和、内和外顺等意蕴。

儒家的"和为贵"、佛教的"与人为善"、道家的"天人合一"等主张都包含着和谐理念,无不表达了对"和"的祈求与向往。从一定意义上说,中华文明几千年的发展史就是一部和谐理念的发展史。《周易》是中华文明史上内涵精深、影响深远的典籍,为"群经之首""大道之源"。《周易》对立统一的阴阳八卦思想是其"和谐"思想的集中体现。崇尚和谐是中国人基本的价值取向,但"和谐"的取得是需要一个过程的,需要不断地调节变易得来,"和谐"是阴阳二气相互激荡而产生的状态,二者的对立与斗争,最终必然以"和谐"的方式来解决,即矛盾和谐。西周末年的史伯是中国第一个对和谐理论进行探讨的思想家,他区分了"和"与"同"的内涵及其作用,所谓"和"就是各种事物的配合与协调,所谓"同"就是只有某一面的自我同一,"同"不能产生新事物,而"和实生物"。孔子进一步丰富了"和"的内涵,提出了"和而不同"的观点,"君子和而不同,小人同而不和",君子能够和谐相处而不盲目苟同,小人盲目苟同而不能和谐相处。张岱年先生认为"兼和",即"和谐",是人类最高的价值准则。

马克思恩格斯第一次把"以人为本"的理念引入和谐社会的理想,确立"以人为本"的和谐价值理念。以人为本的和谐价值理念是马克思主义和谐理念与以往和谐论的根本区别。以人为本的和谐价值理念的确立是由马克思主义的理论本质和历史使命决定的,是当代中国和谐社会与和谐家庭建设的最重要的指导思想之一。①

习近平总书记对中国传统文化的精华与精髓作了高度概括,提出"中华文化崇尚和谐,中国'和'文化源远流长"命题,并对中国"'和'文化"的内涵进行了总结概括:"天人合一的宇宙观、协和万邦的国际观、和而不同的社会观、人心和善的道德观。"这是中国领导人第一次完整地提出"'和'

---

① 罗本琦:《马克思恩格斯的和谐价值理念》,载《安庆师范学院学报(社会科学版)》2008年第5期。

文化"观念,并概括性地提出"'和'文化"蕴含着宇宙观、社会观、道德观和国际观等内涵。①

二、和谐社会

构建和谐社会是人类古老而永恒的话题。和谐社会指体现民主法制、公平正义、诚信友爱,充满创造活力,人与人、人与自然和睦相处的稳定有序的社会,是指一种美好的社会状态和一种美好的社会理想,即"形成全体人们各尽其能、各得其所而又和谐相处的社会"。社会主义和谐社会,是中国共产党2004年提出的一种社会发展战略目标,指的是一种和睦、融洽并且各阶层齐心协力的社会状态。2004年9月19日,中国第十六届中央委员会第四次全体会议上正式提出了"构建社会主义和谐社会"的概念。随后,"和谐社会"便常作为这一概念的缩略语。2005年以来,中国政府提出将"和谐社会"作为执政的战略任务,"和谐"的理念要成为建设"中国特色的社会主义"过程中的价值取向。

在2006年10月的中共中央十六届六中全会审议通过的《中共中央关于构建社会主义和谐社会若干重大问题的决定》中全面深刻地阐明了中国特色社会主义和谐社会的性质和定位、指导思想、目标任务、工作原则和重大部署。2007年10月党的十七大再次强调了构建社会主义和谐社会的重要性,并对改善民生为重点的社会建设作了全面部署。"民主法治、公平正义、诚信友爱、充满活力、安定有序、人与自然和谐相处"是和谐社会的主要内容。和谐社会的具体含义,一是个人自身的和谐;二是人与人之间的和谐;三是社会各系统、各阶层之间的和谐;四是个人、社会与自然之间的和谐;五是整个国家与外部世界的和谐。社会主义精神文明建设的重点,是思想道德体系和先进文化建设,这都与和谐分不开。在新的历史时期,承接和弘扬中国自古所崇尚的和为贵、和谐为美的和谐社会理想,建设各阶层人民和睦相处、和谐共治的和谐社会,正是社会主义精神文明建设所追求的目标。社会和谐是中国特色社会主义的本质属性。

要建设和谐社会,就必须处理好各种社会关系,其中就包括家庭关系。人与人之间的和谐主要表现在个人自我身心的和谐及人际关系的和谐两方面。一

---

① 王丽丽:《习近平系列重要讲话的和谐理念》,载《中学政治教学参考》2017年第1期。

般来说，人总是生活在婚姻家庭中的，个人自我身心状况与人际关系状况往往能通过婚姻家庭状况反映出来，因而从某方面来讲，婚姻家庭的和谐与否就成为衡量人与人之间和谐与否的重要尺度。所以，关注社会和谐要关注人与人之间的和谐，更要关注婚姻家庭的和谐。家庭是社会的细胞，没有家庭的和谐，就不可能有整个社会的和谐。社会的和谐发展是建立在每一个家庭和谐完美的基础上的，婚姻家庭和谐是社会和谐的重要组成部分。

马克思"共同体"思想内涵关于人与自然、人与社会、人与人和谐相处的理论资源。马克思对共同体的理解经历了从自然共同体、虚假共同体到真正共同体的转变。真正共同体集中体现了追寻人、自然和社会和谐统一的境界之"和谐共同体"。和谐共同体与当代中国和谐社会的构建内在相关，是引导当今中国走向和谐社会的重要理论参照和价值路标指引。[1]

家庭问题和社会问题是密不可分的。"研究社会问题，就不能不研究爱情、婚姻特别是家庭问题"，"要解决社会问题，就不得不研究家庭问题"。[2] 当代中国许多社会问题诸如不正之风盛行、腐败现象泛滥、社会伦理缺失等，从一定意义上讲都是由家庭伦理失范而引起的。

三、和谐家庭

和谐家庭是对理想家庭状态的一种美好追求。和谐家庭是个内含丰富的社会范畴，包括经济、政治、法律、伦理、心理等众多领域。所谓和谐家庭，是指以家庭成员的全面发展为基础，家庭成员之间、家庭与社会之间、家庭与自然之间和谐共处的新型文明家庭模式，是精神文明建设在家庭领域中的拓展和延伸。[3] 和谐家庭是以家庭成员的全面发展为基础，家庭成员之间、家庭与社会之间、家庭与自然之间相互和谐的家庭模式；是民主平等、学习求知、创业致富、道德高尚、环保节约的家庭追求。原来称为"五好家庭"，20世纪50年代起，中华全国妇女联合会在城乡开展评选"五好家庭"活动。通过开展丰富多彩的家庭文化活动，在全社会倡导尊老爱幼、男女平等、夫妻和睦、勤俭持家、邻里团结的文明风气。北京市妇联于2007年将"五好家庭"更名为

---

[1] 梁丽：《马克思"和谐共同体"思想与和谐社会构建》，载《重庆邮电大学学报（社会科学版）》2012年第3期。

[2] 罗国杰：《中国伦理学百科全书（婚姻家庭伦理学卷）》，吉林大学出版社1993年版，第338页。

[3] 洪天慧：《中国和谐家庭建设报告》，社会科学文献出版社2011年版，第307页。

"首都和谐家庭",此后每两年评选一次,每次评选200个家庭。之所以改名,"是因为中央提出'和谐社会'的理念后,市委、市政府也先后发布了《构建和谐社会首善之区的意见》等文件,改名是为了配合全市的工作重心"。制定了5项硬性标准,第一,遵纪守法、遵守公德。家庭成员爱党爱国爱家,学法守法,恪守公德。第二,家庭和睦、邻里团结。家庭成员民主和睦,孝老爱亲,男女平等;邻里之间互帮互助,团结和谐。第三,爱岗敬业、诚实守信。家庭成员立足本职,刻苦钻研,敬业奉献;在经济活动和社会生活中,坚持诚信为本,操守为重。第四,勤俭持家、节能环保。家庭成员崇尚科学文明健康的生活方式,家庭生活以简朴为荣,简洁为美;自觉节约能源,保护环境。第五,热爱科学、热心公益。家庭成员具有终身学习理念,科学教育观念;热心奉献,助人为乐,积极参加社会公益事业和公益活动。

和谐家庭的评选标准是随着社会的发展而不断变化的。1982年的评选标准是:政治思想好、生产工作好;家庭和睦、尊敬老人好;教育子女、计划生育好;移风易俗、勤俭持家好;邻里团结、文明礼貌好。1996年,"五好家庭"更名为"五好文明家庭",评选标准为:爱国守法,热心公益好;学习进取,爱岗敬业好;男女平等,尊老爱幼好;移风易俗,少生优育好;勤俭持家,保护环境好。2009年,"五好文明家庭"评选条件则改为:爱国守法,明礼诚信;夫妻和睦,孝老爱亲;学习进取,科学教子;邻里融洽,友爱互助;低碳生活,热心公益。

北京市妇联和市社科院于2007年联合调研制定了一套评选和谐家庭的指标体系。评价指标体系分为城区版和郊区版,涉及家庭内部和谐、家庭与社会和谐、家庭与自然和谐三方面内容。城区版指标达27项,郊区版指标为18项,每项都有其对应的评价标准和分值,满分共100分,其中包括家庭主要成员经常上网,家庭藏书量300册以上,订阅报刊不少于1份;经常有旅游、聚餐、购物等家庭活动;家庭人均每月用水量不超过8吨等。这引起了广泛质疑,认为评选指标过于物质化,有专家也认为,和谐在残疾人家庭与健康家庭之间、富有的家庭和贫困的家庭之间的表现都不同,是不应过于量化的。北京市妇联回应,"和谐家庭建设评价指标体系"尽管被质疑,但它是在以海淀区为代表的城区和以通州区、密云县为代表的郊区进行深入调查后形成的,城市、郊区两个试行版本在注重"衣、食、住、行"等物质指标的同时,也注重"德、情、意、智"等精神指标。北京市妇联表示,将修订和谐家庭评选指标,将通过开展和谐家庭标准网上大讨论,组织召开专家、家庭代表等座谈会,争取有关科研机构的理论支持,开展婚姻家庭等多方面的专题研究等多种方式,进一步修订完善《北京市和谐家庭建设评价指标体系》,以探索符合和谐家庭创建规律、行之有效的方式方法、体制机制,"和谐家庭的建设要始终能够体现时代性、创造性"。

和谐家庭具有多层次、多角度的内涵。但其基本属于"人与人和"的范畴,重心是指家庭成员之间的民主友爱、平等自由、忠实互尊、和睦协调、配合得当的融洽关系(秩序)。突出体现为:纵向——长幼共融,代际和谐;横向——男女平等,性别和谐。纵横两向,构成了和谐家庭关系的基本内容。显然,除代际和谐外,家庭和谐主要表现为不同性别的家庭成员之间的和睦共处的融洽关系。[1]

从家庭生态视角来看,家庭是一个生态系统,真正意义上的和谐家庭,不仅仅是指家庭本身的和谐,而是一个家庭"同心圆结构"的和谐。这个同心圆结构,包括家庭成员个体的和谐、家庭系统内部的和谐、家庭与社会环境的和谐以及家庭与自然环境的和谐四个层次。家庭成员个体的和谐是和谐家庭的内核和基础,家庭系统内部的和谐是和谐家庭的主要内涵和关键所在,家庭与社会环境之间的和谐是和谐家庭的重要内涵和保障,家庭与自然环境的和谐也是和谐家庭的重要内涵和物质基础。[2]

中国特色社会主义和谐家庭,是指在习近平新时代中国特色社会主义思想指导下,以集体主义为原则,借鉴中国优秀传统家庭思想与马克思恩格斯家庭思想,并结合当下社会现状,产生适用于中国特色社会主义的家庭规范,最终形成具有中国特色的和谐家庭。[3]

建设和谐家庭是新时期"五好文明家庭"等家庭创建活动的延续和深化,十九大报告中提出的建设绿色家庭是新时代建设和谐家庭的延续和深化。

---

[1] 余永跃、李渺:《妇联组织在家庭建设中的作用与路径研究——以湖北省妇联组织为例》,载《山东女子学院学报》2015年第6期。

[2] 杨雄、陈建军等:《和谐家庭建设的若干理论》,载洪天慧:《中国和谐家庭建设报告》,社会科学文献出版社2011年版,第347页。

[3] 姚敏:《中国特色社会主义和谐家庭研究》,兰州财经大学2019年硕士论文。

第三章 和谐家庭的特质
——基于22个案例资料内容的分析

第一节 案例资料来源

家庭是妇联的传统工作领域和优势工作领域，建设和谐家庭是妇联组织的重要工作。妇联组织会在自己的官网上发布一些幸福家庭、和谐家庭的案例资料，这些案例资料既具有一定的代表性，又具有一定的独特性，对这些案例资料的内容进行分析具有一定的价值。笔者通过网络收集了22个和谐家庭的典型案例资料，这些资料分别源自北京妇女网、黑龙江妇女网、福建妇联新闻网、张家口妇联网、滨州妇女网、漯河妇联网、宁德妇联网、聊城妇女网、汕尾妇联网、宁波市海曙区妇联网、郴州市北湖区妇女网、全椒县妇联网等一些省市县区妇联组织的官方网站和赣州党务公开网、七星关区阳光党务政务网、大众网等党务政务网站。这些资料的时间跨度从2007年8月到2019年3月。通过对这些案例资料的文本内容进行解读式分析，概括出和谐家庭的主要特质，为和谐家庭建设提供有价值的借鉴。

第二节 案例资料的内容与分析

案例一：

林荣花一家共建和谐幸福的大家庭

林荣花出生于1962年7月，闫家屯村民，丈夫刘占河同是同村村民。丈夫刘占河原是阳原县人，1978年来林荣花村做了上门女婿。刘占河与张秀花和她的父母组成了一个新家，他们四口开始了新的生活。刘占河一边种地一边打工养活全家，日子过得也挺舒心幸福。不久他们生了个女儿，小日子过得越发红火。天有不测风云，人有旦夕祸福，张秀花生病了，他东奔西走，各处求医问药。随着病情的不断恶化，还是没有挽留住她的生命，离开了人世。为了不让二老和不懂事的女儿伤心，他更对二老和女儿关怀备至，悉心照料。几年后，经人介绍，刘占河与二老商量后并经过他们的同意，于1986年与林荣花成了家，结婚后共同赡养刘前妻的老人。一个新家又出现了，家庭情况更加复杂。

　　作为人妻、人母和人媳的林荣花尽心尽力地做好一切，照顾好孩子和老人，关心体贴丈夫，并不因辛苦而有丝毫的怠慢。公公婆婆的生日，林荣花记在心里，放在心上，二老的生日，林荣花总会烧上一桌父母喜欢的可口饭菜；逢年过节，总是不忘给二老买些礼物；天寒了，林荣花给老人做了新的棉衣，让老人心里暖烘烘的。二老年纪大了，林荣花每天要下地干活，为了让丈夫安心工作，公婆多享点福，就承担起家务和照顾孩子的义务。二人主动亲近老人，关爱女儿，将心比心，一视同仁，如同己出般的从他们的衣食住行多操心，说些心宽的话，做些关爱的事，感动了老人，二老逢人夸奖他们真是孝顺的一对好儿女。孩子也从失去母亲的悲痛中慢慢走出来，接受了这个新妈妈。几年来组成的家庭和睦相处，互敬互爱至今，全家成员各显劳动本领，家庭生活蒸蒸日上，多年被评为出席镇、区的文明和谐家庭。

　　后来男老人因病去世，按世人的习俗为老人送终，还清了老人看病欠下的外债。再后来，又添了个男孩，小日子还是那样和和美美，红红火火。又过了几年女儿到了谈婚论嫁的时候。又圆满的把闺女嫁了，如今外孙都八岁了。现在女老人都八十五岁了，由于老人生活不能自理，一切都是林荣花来伺候，一天三餐，倒屎倒尿，从无怨言。孝顺，不仅仅是养老送终，更多体现在对老人日常生活的关爱。

　　家可以不是奢华的，但一定是温馨的。还有互相尊重、互相关心、互相帮助、尊老爱幼、坦诚相待等。"家和万事兴"，一个和睦的家庭，之所以和睦，林荣花总结出一条经验就是"真诚待人、和睦相处、互敬互爱"。相识是一种缘分，而能在同一屋檐下共度一生，则是上辈子修来的缘分。林荣花这么多年如一日的，所付出的艰辛和努力，只是千千万万中国妇女的缩影。

家庭是社会的细胞，家庭和睦，尊老爱幼，夫妻恩爱，老少共融，充满温馨，家业才能兴旺，社会才能富强，反之，家庭不和睦，社会不安宁，民富国强又从何谈起？

案例资料来源：张家口妇联网，2012年9月6日

林荣花一家是一个幸福和谐的大家庭，这个幸福和谐的家庭是夫妻两个精心营造出来的。丈夫刘占河是个上门女婿，妻子张秀花生病后，他积极为妻子治病，精心照料妻子，妻子病逝后，为了不让二老和不懂事的女儿伤心，他更对二老和女儿关怀备至，悉心照料。后来，和林荣花重新组成一个新的家庭，两家合为一家，按常理说，这样的家庭肯定是矛盾重重，彼此间不好相处，但是，刘占河与林荣花夫妻两个都有一颗善良的心，他们彼此都把自己原配偶的父母视为自己的父母，精心照料老人，给他们养老送终，一家人其乐融融，谐和幸福。两个大家庭的成员彼此之间都能相互谅解，能够良好互动。林荣花成功扮演了一个贤妻良母孝媳的角色，刘占河则成功扮演了父亲、丈夫和女婿的角色，夫妻恩爱有加，把两个不幸的家庭经营成一个幸福温暖和谐的大家庭。

案例二：

大爱无疆　共建幸福和谐大家庭
——曹庆勇家庭事迹材料

曹庆勇、郝红娟是绥芬河市人，他们是一对老实、忠厚、富有爱心的和睦夫妻，夫妻俩带着女儿和老爸生活在一起，组成了一个孝老爱亲、热心公益的幸福四口之家。

父亲年龄大了，身体状况每况愈下，考虑到妹妹远嫁外地照顾老人心有余而力不足，他与妻子商量后把父亲接到自己家中，夫妻俩承担起照顾老人的责任，用一颗孝心为父亲的晚年撑起了一片晴朗的天空。老人逢人就夸："我儿子、媳妇、还有孙女对我好啊，好得很！"

曹庆勇经过努力拼搏，成为了绥芬河远近闻名的企业家。夫妻俩致富不忘回报社会，十分热心公益事业。2000 年，他们把遭受养子女虐待、

处境艰难的两位老人接到自己家中照顾,老人的养子女深受教育,主动接老人回家。2008年汶川大地震发生后,资金紧张的曹庆勇毅然拿出2万元钱捐给灾区,并出资3万多元组织了"为汶川灾区居民祈福"活动,万余人参与。

曹庆勇在2012年牵头组织社会爱心人士注册创办了"义勇慈济社",有69位社员。几年来,慈济社一直在绥芬河市北寒村大学生和高中生中捐资助学,帮助10多名贫困家庭学子完成学业;

夫妇两人还十分注重言传身教,平日恩爱和睦、互相体谅、尊老爱幼、平等谦让,每年特定时候就会带着孩子一起来到敬老院,探望老人,让孩子在为老人家送温暖、献爱心的过程中,传承中华民族尊老、敬老的传统美德。

曹庆勇是社会公认的"爱心大使",他的家庭入选"龙江最美家庭"。

案例资料来源:黑龙江妇女网,2018/5/16

曹庆勇、郝红娟夫妻恩爱,这是他们能够共建和谐幸福大家庭的前提和基础。夫妻两个在家庭中成功扮演了自己的角色,他们是女儿的好父母,是父亲的好儿子和儿媳,是妹妹的好哥哥和好嫂子。由于妹妹远嫁外地,不能照料父亲,夫妻两人并没有要求妹妹和自己一样履行赡养照顾父亲的义务,如果这样要求也是有法律依据的,而是非常体谅妹妹的实际苦难,主动承担起照料赡养父亲的义务,彰显了中华民族传统家庭美德。如果夫妻两个提出和妹妹轮流赡养照料父亲,这是合法合理的要求,谁都不能说这是过分的要求,但是,由于妹妹和哥哥一样履行赡养确实存在着困难,这会给妹妹带来很多麻烦,当然如果哥哥和嫂子提这样的要求,妹妹也不会反对,但这可能会影响兄妹之间的感情,也影响父亲的生活质量。父亲也是一个好父亲,他很理解儿子和儿媳妇的一片孝心,"老人逢人就夸:'我儿子、媳妇、还有孙女对我好啊,好得很!'"老人是一位善良的老人,是一位典型的慈父,"父慈""子孝"才能良好互动。

"穷则独善其身,达则兼济天下",曹庆勇、郝红娟夫妻的爱心溢出家庭,涌向社会,他们把自己的爱心献给社会,"老吾老以及人之老,幼吾幼以及人之幼",他们以自己良好的家风影响着良好社会风气的形成。

案例三：

首都和谐家庭标兵西城区田宝田家庭事迹

田宝田家在校场社区权盛里居住已经50多年了，与邻居的关系十分和睦，彼此相互关心、帮助。四世同堂的大家庭，聚在一起共18口人，父母已经90岁了，孙子也3岁了。俗话说"家家有本难念的经"，怎样念好这本经，把日子过好，将感情处好却不是一件容易的事。首先要做好以下几点：

1. 多替别人着想换位思考和处理问题。
2. 做事要大度、心底要无私。
3. 事事抢着干，不攀比，不图回报。
4. 事事关心别人，必要时主动伸出援助之手。

事实证明只要做到以上几点，和谐就有了基础，家庭幸福快乐就有了保证。田宝田是长子，父母同他一直共同居住，儿子结婚后也和他们一起生活，小孙子也已经三岁。平时饮食起居、日常生活料理的事少不了，随着老人年事已高，作为儿女更要用心，考虑的事更多。大儿媳是回民，自己立守清规，从不沾大肉。但是还经常买一些排骨、五花肉给老人调剂饮食，这在一般人可能根本做不到。其次，二位老人的生日我们一般在家中过，虽然地方窄一点，但是干净口味合适，气氛也大不一样，提前准备菜谱进行采购，冷热菜十分丰盛，还节省花销何乐而不为呢？

节假日儿女们都来看望老人，几十口人聚在一块吃吃饭，说说话，陪老人玩玩，老人特别高兴，又增强了兄弟姐妹的凝聚力。

团结和睦是战胜困难的基础，去年十月和今年元月，老人因病住了两次医院，并做了手术。住院期间，老人没吃过一顿医院的饭，一天三次送饭，谁都争着去，家里的所有成员没一个不主动或往后退的。

人心换人心，只要具有感恩的心，谦让的心，相互理解关心的心，和谐的家庭就是水到渠成的结果。随着社会的发展，时代的进步，社区工作与过去也无可比性，甚至比一个单位还要繁杂，作为社区居民，田宝田一直默默地支持帮助社区，做一些力所能及的工作，比如节日、两会期间的安全保障值班，至于环境卫生、卫生死角清理、雪后清扫等事务都是一个普通公民应该做的，无需表述。

案例资料来源：北京妇女网，2013/10/15

田宝田家是一个四世同堂的幸福和谐的大家庭，幸福和谐的大家庭是经营出来的，正如田宝田所说，"'家家有本难念的经'，怎样念好这本经，把日子过好，将感情处好却不是一件容易的事"。田宝田将他们家的经验归结为四点：1. 多替别人着想换位思考和处理问题。2. 做事要大度、心底要无私。3. 事事抢着干，不攀比，不图回报。4. 事事关心别人，必要时主动伸出援助之手。事实证明只要做到以上几点，和谐就有了基础，家庭幸福快乐就有了保证。"人心换人心，只要具有感恩的心，谦让的心，相互理解关心的心，和谐的家庭就是水到渠成的结果。"田宝田在家庭中成功扮演了自己的角色，孝敬父母，友爱兄弟姐妹，兄弟姐妹之间相互关心，家庭成员之间能够良好互动，增强了大家庭的凝聚力。父母慈祥，在田宝田在外地工作的时候，把孙子培养成人，祖孙关系融洽和谐。一家人积极参与公益活动，与邻居关系和睦。

案例四：

和谐文明之家——张文广家庭先进事迹

张文广同志的家庭，是一个幸福和美的家庭。他们家庭中的成员都互尊互爱、互谅互让，彼此奉献真诚的温情；他们用勤劳的双手建设家庭，和睦友邻，营造了小区和谐文明的大家园。

张文广同志和爱人都是纺织行业的老职工，他们深深懂得，要构建和谐社会与和谐家庭，必须从我做起，从生活小事做起。纺织工作又苦又累，但他们夫妻俩有一个约定：不管多苦多累，不要埋怨、偷懒；谁先到家谁先做饭，谁有空谁打扫房间。结婚三十多年了，夫妻俩一直信守承诺，互相关心、互相爱护、相敬如宾。张文广同志的家，上有老下有小，但他们全家互敬互爱，和睦温暖。照顾好老人，让她有个幸福的晚年，是他们夫妻俩共同的心愿。在他们的精心照料下，张妈妈活到九十多岁，成为小区的寿星。他们孝敬长辈的行为受到了小区居民的赞颂。

张文广同志的家人非常注意团结友爱，和睦邻里关系。谁家有个困难，总是积极帮助尽一份心、出一份力；社区的公益性工作，都能积极参加，从不推诿；街坊熟人有个伤病的，经常嘘寒问暖。平时维护小区居民的利益和安全。街坊邻居们都说，与他们在一个小区生活心里感到特别舒畅和温馨。

案例资料来源：宁波市海曙区妇联，2008/8/22

张文广的家庭是一个幸福和谐的家庭。处理好夫妻关系是建设和谐家庭的基础和关键，要处理好夫妻关系首先要从小事做起，从自我做起，严于律己，宽以待人。他们夫妻两个都是纺织行业的职工，工作很辛苦，但他们有一个君子协定：夫妻两个共同承担家务劳动，男女平等，相互尊重，相互关心，相敬如宾，不抱怨，不偷懒，谁先到家谁做饭，谁有空谁打扫房间。孝敬父母是家庭幸福和谐的关键，很多家庭的夫妻都是因为在对待父母的态度和行为上出现了矛盾和分歧，很多家庭因为婆媳之间的矛盾和冲突殃及整个家庭，张文广孝敬自己的母亲，妻子也能和丈夫一样孝敬自己的婆婆，这是很难得的，是一个现代版的贤妻，在家庭中很好地扮演了自己的角色。他们夫妻两个不但和睦了自己的家庭，而且也和睦了邻里关系，他们积极参与社区的公益性工作，谁家有个困难总是积极帮助，尽一份心，出一份力。

案例五：

<h3 style="text-align:center">齐心合力 共建和谐</h3>

——惠民县梁淑华最美家庭事迹材料

梁淑华是惠民县职业教育中心的一名教师，丈夫徐忠民在教育局工作，儿子是复旦大学研一的学生，公公已经八十六岁，是一名退休干部。结婚二十多年来，一家人自觉遵守家庭道德规范，夫妻和睦，尊老爱幼，科学教子，邻里互助，在家庭俗务的磨炼下，渐渐理解了"家庭这个社会细胞"的真谛。

在生活中梁淑华夫妻之间相互照顾、相互尊重、相互信任、相互支持，在各自角色中尽职尽责。他们相互理解、相互包容、夫妻恩爱、通情达理，很少因生活琐事闹矛盾。当意见不统一时总能以理智的态度去沟通。这种温馨和谐的家庭氛围常常引来邻里、同事、亲朋的羡慕和称赞，也为孩子的健康成长打下了坚实的基础。

记得1994年，春节刚过，梁淑华的父亲查出患食道癌，需住院治疗。丈夫徐忠民几乎把照顾岳父的责任全部扛了起来，不管白天、晚上，也不管经济上还是精神上都无怨无悔的倾心付出，这一点让妻子梁淑华终生难忘。

到了2004年，徐忠民的弟弟三十多岁又不幸被查出肿瘤，一年内住院六次，这对他打击太大，一着急犯了心脏病。夫妻俩互相勉励，共同加油。他们进行了分工，病人由丈夫照顾，老人和孩子由妻子来管。那时真叫一个"难"，夫妻俩不但要照顾病人的生活，还要安抚他的情绪，还要瞒着老人，还要排解儿子的学习压力，还要关心小侄女的身心变化，还要每天带着两个孩子回家陪老人吃饭。当时的每一天他们都身心疲惫，举步维艰，但他们一直坚持，没有放弃，因为他们相信，只要心中有爱，就能抚慰病人的痛苦，就能减轻老人的孤独，就能排解孩子的压力，就能保护童真孩子的心灵，就能见证夫妻之间的真情。最终他们携手挺了过来。

他们不仅深爱着自己的家庭，更加热爱教书育人的神圣事业。在家庭的支持下，他们更能全身心地投入工作，更有强烈的责任感和事业心。由于他们的不懈努力，多年来曾多次被评为优秀教师、教学能手、学科带头人、优秀园丁等。

尊敬父母是中华民族的传统美德。现在公公已经八十六岁，他们除照顾他的饮食起居外，每天抽出时间陪他聊天。孩子是他们的骄傲，回顾孩子的成长历程，他们的经验是：父母是孩子的第一任老师，潜移默化中，父母的言谈举止对孩子的影响至关重要。对孩子既要严要求，又要交朋友。走进他的内心，多和孩子交流，关注他的身心健康。生活上不溺爱，给孩子养成节俭和独立的品格。引导他做人要坦诚，做事要严谨，要有远大理想，做社会有用之人。孩子在小学就荣获"滨州市好儿童"的称号。在2009年高考中，以676的高分被复旦大学提前预录，并在去年又被保送上了研究生。

梁淑华夫妻多年来一直积极营造和睦互助的邻里关系，见人总是主动打招呼，无论谁家有事情，他们都热心帮忙。平时不管是爱心捐赠还是同事邻里有困难，他们总是跑到前面。他们认为，现在生活好了，有能力帮助别人了，自己付出一点也许就能改变一个家庭的面貌。

其实他们做的都是再普通不过的事，但是再普通的事能始终如一地坚持也变得不再普通。

案例资料来源：滨州妇女网，2014/5/7

一个幸福和谐的家庭是一家人齐心合力共同努力的结果。家庭关系是一个同心圆式的差序结构，夫妻关系则是这个同心圆中最基础的小圆，夫妻关系和谐是家庭和谐的基础，没有夫妻关系不和谐而家庭关系和谐的。梁淑华夫妻和睦、相互照顾、相互尊重、相互信任、相互支持，尽职尽责扮演好自己的角色。梁淑华的丈夫不但是个好丈夫，更是一个好女婿，尽心尽力照顾患病的岳父，把照顾岳父的责任全部扛了起来，他以自己的真诚换来了妻子无私的爱。梁淑华的丈夫也是一个好哥哥，他尽心尽力照顾患病的弟弟，安抚弟弟的情绪，为了不让父母过度伤心，对父母隐瞒弟弟的病情，照料好侄女的生活，关心侄女的成长。他们也是好父母，把自己的儿子培养成才。他们热心帮助邻里，经常打扫公共卫生。他们自觉遵守家庭道德规范，夫妻和睦，尊老爱幼，科学教子，邻里互助，各自在自己的角色中，为弘扬传统美德，为家庭幸福和谐作出了应有的贡献，做到了社会公德、职业道德和家庭美德完美统一。

案例六：

郴州市北湖区人民武装部正营职干事杜桂雄的"和谐家庭"

郴州市第一人民医院手术室护师马云辉同志，1975年1月出生，1994年8月参加工作，2001年随军至郴州市，安置在市第一人民医院上班，一直从事手术室护师工作。她十三年如一日，勤奋学习、爱岗敬业、忠于职守、兢兢业业、任劳任怨、工作踏实，始终坚持自尊、自信、自立、自强。她在本职岗位上负责协助完成的手术从无差错，多次被单位评为"护理工作先进个人"和"星级护士"，在单位是领导和同志认可的好同志。

她丈夫杜桂雄同志于1990年3月应征入伍，一直在部队工作，有着14年的党龄、18年的军旅生涯工作的经历。工作积极主动、认真负责、任劳任怨，有较强的组织指挥和领导能力。因工作成绩突出，曾两次荣立三等功，多次被上级为"优秀共产党员""老干部工作先进个人""防治非典工作先进个人"和多次受到上级嘉奖。

2002年3月，丈夫因工作需要调入宜章县人武部工作。为尽快完成从一名技术干部到行政干部的转变，熟悉新的工作，早日进入角色，他牺牲了每一个休息日，查阅资料、下基层了解各乡镇人武部建设的一手情况，凭着虚心好学和数年的工作实践经验，很快进入了新的角色，并且很快成为一名军事工作业务能手。丈夫全心全意为工作，工作出色，但没有时间照顾家庭，繁重的家务、子女教育和照顾老人的工作都落在妻子马云辉一个人肩上，她全力支持丈夫的事业、工作，在家里做妻子、做母亲，相夫教子、孝敬老人同样做得非常出色。她放弃个人的业余爱好和休息时间，承担起全部的家务。她用爱培植着欢乐，用理解化解矛盾，使家庭生活始终置于安详欢乐的气氛之中，受到邻里的赞扬。2001年11月，她在例行身体检查时被发现患"肝脏占位性病变"，百分之九十的辅助检查结果都指向"原发性肝癌"诊断。为了支持丈夫的工作，怕丈夫工作分心，她仅仅让丈夫第一次去武汉协和医院做进一步检查和治疗时陪伴，后来再到北京、广州等地医院检查和治疗时，就再也不让丈夫陪同了。在妻子的帮助下，丈夫在部队的工作完成得较为出色，年年被单位评选为"先进工作者"和"优秀共产党员"。

由于工作原因，夫妻婚后九年大部分时间都处于两地分居状态，但夫妻二人一直互敬互爱，丈夫一有时间回到家里，总是抽出时间做一些洗衣、扫地等力所能及的家务活，总希望能弥补一份对家庭的愧疚，妻子更能体会丈夫的工作的特殊与辛劳，家中的大小事务基本全包，从无怨言。在处理家庭的大事时，夫妻平等对待，互相通气，共同磋商决定，只要是合理的建议，求大同，存小异，做到办每件大事双方都心情舒畅。他们勤俭持家，合理安排工资收入，从不铺张浪费。添置家居用品，洗刷买烧、培养子女上学以及其他生活琐事，妻子独自承担，从不让丈夫操心。并在工作上全力支持丈夫，取得较显著的成绩。

夫妻二人始终把对孩子的教育放在第一位，为了培养子女成才，他们重视对子女世界观、人生观、价值观的思想教育，教育他们学会做人、学会做事，做对社会有所作为、有所贡献的人。她不仅注重子女的学习成绩，更注重培养子女的独立生活、学习的能力。时时关心子女沿着正道走，勉励子女学习上勤奋刻苦、政治上积极要求进步，与人团结、礼貌待人。他们的儿子学习成绩好，爱好广泛，身心健康，在一年级第一批被批准加入"少年先锋队"组织，连续两个学期均被评为"三好学生"。

由于公婆体弱多病，心情烦躁，时不时对儿女对媳妇发脾气、发唠叨，有些行为甚至让人难以理解和接受。面对这些，马云辉更是无微不至地体贴二老，这些年别说吵嘴，连脸都没红过一次。为了让公婆感受到家庭的温馨，每逢节假日就把临近的亲戚请到家里聚一聚。所有这些，换来了二老的理解与信任。二老以激动而欣慰的心情逢人便说"儿媳就像自己亲生的闺女，我儿能找到这样一个好媳妇，真是我们一家的福气！"

邻里之间的相处也是家庭生活的重要组成部分。由于职业的特点，无论谁家有事相求，马云辉都是义无反顾地伸手相助。为邻里、亲朋好友打针送药，早已成为她分内之事。总之，马云辉一家与周围邻里之间相处得和和睦睦，就像一家人似的。

他们遵纪守法，在社会上是好公民，当创建和谐社会成为主旋律的今天，马云辉同志的家庭无疑是一个和谐家庭的榜样！

案例资料来源：郴州市北湖区妇女网，2008/7/29

杜桂雄和马云辉夫妻互敬、互助、互爱，共同营建了一个和谐幸福的家庭。丈夫杜桂雄是名军人，妻子马云辉是名军嫂，有自己的工作，但是为了支持丈夫的工作，她在家里做妻子、做母亲，相夫教子、孝敬老人，她放弃个人的业余爱好和休息时间，承担起全部的家务。在处理家庭事务上，夫妻平等对待。马云辉也是一位贤德的儿媳妇，尽管公婆时不时发脾气，甚至做出一些让人难以接受、难以理解的行为，但是她依然无微不至地关心老人，用自己的爱和孝心赢得了老人的理解和信任，公婆觉得儿媳妇像亲生的闺女一样，是个好媳妇。他们夫妻也是很好的父母，始终把对子女的教育放在第一位，重视对子女的世界观、人生观和价值观教育，教育他们学会做人、学会做事，做对社会、对国家有用的人。

案例七：

科学文明是基本，比翼齐飞创五好
——李静家庭先进事迹

李静与丈夫杨正华家庭关系总是那么的融洽和美，真是让人羡慕。当人问起他们的秘诀何在时，他们总是轻松的笑一笑说，其实也没什么，只是做到了：

工作上相互支持，相互勉励。婚后因工作的关系，他们有过两地分居的经历，但他们在两地分居时也不忘相互支持，相互勉励。经常在电话里、书信里，有时也利用互联网等通讯方式谈相互的工作情况、工作体会，交流工作经验。丈夫在部队一直是从事内勤文秘工作的，对各类材料、文件管理有很丰富的经验；妻子早期在企业从事过人事管理，对人事管理经验较为丰富，他们还利用探亲休假的时间协助对方工作，妻子则利用自己人事管理经验和计算机操作的特长,利用空闲时间为丈夫建立健全管理模块,提高工作效率。两年前,丈夫服从组织的安排从部队转业到地方,又被安排到战线上工作,由于工作环境、工作方式方法的改变而导致的不适应,加之军地反差的进一步扩大,导致了丈夫情绪的波动,妻子总是以其特有的耐心开导丈夫,使其很快地适应了新的工作环境、新的工作岗位,也进一步地加深了夫妻间的感情。

生活上互敬互重,发扬民主。虽然是在认识了近两年才结婚的,但在婚前因各自忙于自己的事业,联系不多,了解不深,而且在婚后不久妻子便怀孕在身,所以家里的人都戏称是"结婚恋爱生息几不误——会节约"。婚后夫妻都保持着一颗平和的心,互相谦让、互相尊重,尊重对方的人格、生活习惯和风俗人情。孝字当头,爱字当先,是处理家庭一切琐事的基本标尺。夫妻俩一直把孝敬父母、关爱小孩作为己任。在结婚初期时,因妻子的母亲被查出身患结肠癌,做女婿的一直在省肿瘤医院陪伴着丈母娘,为其端茶送水、洗衣煲汤,直到手术成功,安全脱离危险期,最后把自己累得瘦了一圈。现在双方都只有父亲了,为更好照顾好老人的生活起居,硬是把两位父亲请到了一起。对小孩的教育,及时发现其兴趣和特点,科学引导,培养其学习积极性,既给予必要关爱,又给予严厉,能让她感受到松弛有道,使之健康成长。同时加强传统美德教育,当家里有什么好吃的,总要小孩首先分送给两位老人,培养其传统美德和独立生活的能力,现其学习生活基本能自理,同时参加幼儿园组织的活动均能取得较好的成绩。对家庭的琐事,充分发挥民主,夫妻双方都能用辩证的观点来分析处理一切事务。这不仅缓和了当时的气氛,避免了有可能造成家庭矛盾升级的因素,调剂了夫妻间的感情。同时也让有限的家庭资源创造了最大的家庭效益。

工作学习上你超我赶、互帮互助、扬长避短、与时俱进。夫妻之间最大的共同兴趣可能就是读书了,谈得最多的就是工作经验交流了。丈夫在部队一直从事内勤文秘工作,有着较为深厚的理论功底,妻子对语言文字较为敏感,对计算机的操作水平较高,夫妻间充分发挥各自的优点和长处,及时纠正对方在工作中表现欠妥的地方。对每项工作和每个汇报材料发表自己的意见,使得丈夫在工作环境、岗位变动后能及时把握机会,脱颖而出,又从一名普通的民警升为内勤民警,而所撰写的材料也多次受到上级的表扬与肯定;妻子还利用周六周日到单位现场指导丈夫计算机操作，使其操作运用水平也有了较大的提高，现在已经完全能独立完成一般的办公软件操作了，达到了办公规范化和无纸化要求，多次得到上级的表扬。妻子在丈夫的帮助下，政策理论水平大大提高，工作方向进一步明确，工作思路进一步清晰，在婚后的几年里多次被上级政府有关部门评为先进个人，顺利地把一个原三类计生单位跃升为一类计生单位。

夫妻恩爱，家务齐干，发挥特长。在家里，上有老下有小的，家务琐事较多。夫妻总是一同完成家务琐事，丈夫对炒菜做饭比较拿手，妻子比较热衷于打扫卫生、清理物品和教育培养孩子。所以在家做饭炒菜则由丈夫唱主角，妻子在旁协助；其他则以妻子为主流，夫妻共同完成。夫妻都认为自己对家庭的责任感还不太强，付出的还不够多，对家务分担得太少……只有相互包容，相互理解才能白头到老。

案例资料来源：郴州市北湖区妇女网，2008/7/29

李静与丈夫杨正华共同营造了和谐幸福的家庭，他们自己总结了四点经验：一是工作上相互支持，相互勉励；二是生活上互敬互重，发扬民主；三是工作学习上你超我赶，互帮互助，扬长避短，与时俱进；四是夫妻恩爱，家务齐干，发挥特长。从家庭社会学的角度看，夫妻二人在家庭中都扮演好了自己的角色，夫妻都保持着一颗平和的心，互相谦让、互相尊重，尊重对方的人格、生活习惯和风俗人情。孝字当头，爱字当先，夫妻俩一直把孝敬父母、关爱子女作为己任。丈夫像儿子一样照顾患病的岳母，双方只剩下了父亲之后，把双方的父亲请在一起照顾，在日常生活中教给孩子如何尊敬老人，树立良好家风，弘扬中华民族家庭美德。夫妻发挥特长，共同完成家务，一家人共同营造了一个和谐幸福的家庭。

案例八：

家和万事兴

——陈文利家庭先进事迹

她叫陈文利，家里有丈夫、一儿一女，还有一个八十多岁的公公。陈文利属于典型的中国女性，贤淑，勤快，为人热情，爱帮助人。他们夫妇二人都是普通的工人，敬业爱岗的楷模，年年被评为"先进工作者"。陈文利身为一名女人，对工作认真负责，对家庭的照顾也是倾尽全力。每天早晨，她要为全家人做好早餐后才出门上班，对八十岁的公公，每一餐饭都要分开另做，因为老人的牙口不好，要吃松软的东西。为公公开小灶，陈文利已坚持了二十多年，这看似平凡的举动，包含了一个晚辈对长辈的孝心，也印证了陈文利的贤惠与付出。一个家庭主妇的素质对她的配偶、她的孩子、甚至她的邻居都会产生巨大的影响。在陈文利的家里，丈夫对她呵护，夫妻二人非常恩爱，儿女们对父母、对爷爷都非常孝敬，经常看到陈文利的一双儿女搀着自己的爷爷到院子里散步，祖孙三人有说有笑，让邻居们非常羡慕。

1999年，陈文利因工伤提前退休。退休后的陈文利也没闲得住，为了更好地支持上班的丈夫和儿女，她每天忙进忙出。这时，公公的身体每况愈下，三头两天住院，陈文利每天在病床前照顾老人，毫无怨言。老人只是一个劲地向大家夸儿媳妇好……

去年底，陈文利的妹妹突然中风，不能动弹，妹夫每天要上班，独生女儿又在外地。陈文利毫不犹豫，又把妹妹接到自己家里来住，每天除了喂药、擦澡、还要帮妹妹按摩，锻炼行走等，那边还要照顾年迈的公公，她整个人瘦了一圈。在她的努力下，陈文利的妹妹恢复得很快，现在已能慢慢行走了，她一提到自己的姐姐，因为感激，竟常常会哽咽得说不出话来。

如今，儿女也成了家，家里添了新丁，一家人四代同堂，其乐无穷；陈文利除了照顾好家人的生活起居，又担起了带孙子的责任。有人问陈文利刚过门一年的儿媳妇：这么一大家子人住在一起，是不是觉得不方便？她的儿媳妇回答："没有，我相信我们家是现代社会里少有的美满家庭。"每每有人夸赞陈文利的不简单时，她都觉得自己只是一个普通的家庭妇女，自己所做的，只是一些平凡的家务事。

时代在进步，社会要和谐，先安居才能够乐业，让我们从自身做起，时刻反省自己在家庭中是不是一个称职的丈夫、父亲、儿子？是不是一个称职的妻子、母亲、女儿？在工作岗位上是不是一个敬业爱岗的员工？在小区里是不是一个乐于助人、热情坦诚的邻居？如此，和谐之音才能响彻我们的家庭、我们的单位、我们的小区。

孔家塘社区　2007年8月17日
案例资料来源：郴州市北湖区妇女网，2008/7/29

一个好女人是一所学校。一个家庭主妇的素质对她的配偶、她的孩子、甚至她的邻居都会产生巨大的影响，陈文利就是这样的一个好女人。陈文利是一个平凡的女性，她的家庭也是一个普通的家庭，但是她在家庭生活中发挥了独特的作用，在树立良好家风和弘扬中华民族传统家庭美德中发挥了独特的作用，在营造温馨和谐的幸福家庭中发挥了独特作用。陈文利在家庭中出色地扮演了自己的角色，她是一个贤妻，替丈夫分忧，也是一个贤德的儿媳妇，尽心尽力照顾公公，她的付出换来的是丈夫对她的呵护，夫妻恩爱有加。她是一个好姐姐，鉴于妹妹家的实际困难，把患病的妹妹接到自己家，精心照料，她是一个好婆婆，婆媳之间彼此信任，关系和睦，担起了带孙子的责任。四世同堂，和睦相处，其乐融融。

案例九：

陈春山"五好文明家庭"的事迹材料

如果每个家庭都搞好了，兴旺了，那么整个国家，整个社会就和谐了，国家就进步了，国家也就实现繁荣昌盛了。

在文化路北湖公安分局的家属区里，提到陈春山同志一家，没有不拍手称赞的，家庭和睦，尊老爱幼，夫妻相敬如宾，爱岗敬业，在邻里及单位之间树立了良好的形象。

陈春山同志是在1988年与李世英老师结婚的，那时候双方都刚参加工作，收入微薄，两人刚从新婚的喜悦中走出，就面临持家的困境。由于两人感情基础较好，互爱互敬，从来没有因为家庭琐事吵过架。结婚第二年儿子出生，更增添了家庭的喜庆气氛。两口子在平时工作之余，总是抢着做家务，抢着照看孩子，家庭充满了欢声笑语。每到周末或逢年过节，两口子总是提着大包小包去看望双方父母，帮父母买菜做饭、洗衣服、打扫卫生，有时候两人还把几位老人接到自己家里，共享天伦之乐。为了让老人晚年过得好，夫妻两人都各自从微薄的工资中拿出一些钱，经常为几位老人改善生活。陈春山同志的岳父岳母看到他，感觉比自己的亲生儿子还亲。

夫妻双方都是从大学毕业的知识分子，受过良好教育，都爱岗敬业，知道学习的重要性，为了做好各自的工作，两人互相鼓励，互相支持。李老师鼓励丈夫认真工作，家里的事情她尽可能地全都扛在了自己的肩上。

他们的儿子陈志昊也逐渐养成了自强自立的性格,也尽力帮父母做些家务。

由于两人受过高等教育,都能自觉抵制不良文化的熏染,夫妻两人从来不和朋友们搞赌博、买地下"＊＊＊＊＊＊＊"等活动,也没有不良的生活习惯,给儿子树立了良好的榜样。陈春山还买来有关禁毒、禁止赌博、讲究卫生、崇尚科学等方面的宣传书籍,放在家里供家人及来访亲友阅读。

从结婚直到现在,两人一直住在北湖分局家属楼几十平方米的小房子里,一家三口,有时候加上双方父母,确实拥挤不堪,儿子在家学习也没有良好的环境,家里也没有什么像模像样的家具和电器。但是两人都没有嫌弃过,甘过清贫的生活,一心扑在工作上,哪里有足够的时间和金钱去享受物质方面的愉悦呢?陈春山同志说,这样的环境对孩子的成长是比较有利的,要从小培养孩子艰苦奋斗的精神,不贪图享受,要有战胜困苦、不畏艰难的精神。

但是遇到单位或亲友有困难需要帮助的时候,两人总是慷慨解囊。夫妻两人还教育儿子从小就要学会帮助他人,每次班级捐款捐物,儿子也总是最积极的。

陈春山同志的家庭和睦,夫妻互爱互敬,崇尚科学,生活俭朴,热心公益,在单位及邻里影响较好,深受大家好评。

北湖公安分局　2007年8月17日
案例资料来源:郴州市北湖区妇女网

陈春山与李世英是如何营造了一个温馨和谐的五好文明家庭的,事迹材料总结了四点:一是尊老爱幼,夫妻和睦;二是爱岗敬业,学习进取;三是崇尚科学,生活文明;四是生活俭朴,热心公益。他们夫妻互爱互敬,和有的家庭不一样,他们是抢着做家务,抢着照看孩子。丈夫是个贤德的丈夫,与岳父母的关系如同与父母的关系一样亲近,甚至岳父母觉得他比自己的亲生儿子还亲。妻子鼓励和支持丈夫努力工作,尽管自己也有工作,但是她几乎承担了家里全部的家务。他们生活俭朴,热心公益,在生活中以身作则,给儿子树立了良好的榜样,儿子也体谅父母的艰辛,帮着做些力所能及的家务,也像父母那样热心帮助他人。

案例十：

做给群众看，带着群众干
——同和乡长廊村女支书侯红英同志家庭先进事迹

她，胖胖的身子，泼辣的性格，人们都喜欢叫她"嘞支书"。她对公婆的孝敬，她家的勤劳致富、勤俭持家、家庭和睦、爱国守法的美德叫人心生敬意，她的家庭成了全乡各级干部群众的学习典范。这就是同和乡长廊村年满40岁的女支部书记——侯红英同志一家。

现年40岁的侯红英与其夫结婚十几年来如一日，家庭和睦，她上孝敬公婆，下教育好子女，从未与邻居红过脸。其夫是位教师，经常不在家，而她毫无怨言，默默在家中承担起孝敬公婆、抚养儿女的重担，里里外外忙得不亦乐乎。

丈夫自参加工作以来，一直担任村小校长及教导主任职务，由于业绩突出，工作负责，于2000年调入同和中心完小任教，任中心完小政教主任兼会计。在中心完小任职期间，工作表现突出。由于工作突出，学校领导信任，该同志于2003年调入中心学校中学部，任后勤主任兼中心学校会计。丈夫始终坚持以校为家，期期满勤，且经常利用休息时间为学校加班，为学校排忧解难。由于工作突出，多次被乡党委授予"优秀教师""优秀共产党员"称号。多次获得区人民政府的嘉奖。八十高龄的婆婆身体行动已不太方便，侯红英只要有空，就与婆婆倾心交谈，床前房后搞卫生，并教育好孩子们要孝敬奶奶，让她度过一个安稳的晚年。乐得婆婆逢人便夸："娶了侯红英这个好媳妇真是我们家的福气！"在她的带动下，村里的姐妹们争先恐后做孝敬公婆的好媳妇，好妻子，形成了一股家庭和睦、尊老爱幼的好风气。

侯红英刚嫁给其丈夫李飞鹏时，公婆都年事已高，身体又不大好，家中弟妹亦未长大成人，不久又添了两个吃饭的"小嘴"，家中生活较为拮据。为了孝敬公婆，为了抚养小叔子读书，为了两张可爱的"小嘴"，她把孩子丢给公婆照看，自己却以柔弱而坚韧的肩膀挑起了家的大梁。她的勤劳和贤德使她家开始出现了可喜的变化，家中有了一定的积蓄，丈夫在工作上取得了一定的成绩，小叔子不久成家立业，两个孩子也相继毕业参加了工作。她家前几年建的二层楼房成了村里致富的典范。在她的带动下，村民致富的观念得到了进一步增强，村里风气得到了进一步的好转。

侯红英自1995年9月就任长廊村妇女主任、村支书以来，在工作中表现积极主动，认真负责，并取得了一定的成绩。

计划生育工作既是政策又是一些农村妇女要对付的"对策"，村妇女主任既是村育龄妇女们的"知心人"又要做计生工作的"铁面人"，也就是说要上级满意，下级如意，工作才算做好。工作压力大，任务重，但她却以饱满的热情，全身心地投入到了这项工作之中。

上任伊始，她便努力学习党和国家的重要方针政策与《人口与计划生育工作》的有关法律法规政策，并在工作实践中学以致用。在她任职计生专干期间，通过宣传科学、文明、进步的婚育观念，提高了村民实行计划生育的自觉性，增强了他们的生育观和婚恋观。她扎实的工作态度和平易近人的待人赢得了乡主管部门和村里广大育龄妇女的信赖。2007年6月5日上午，为了搞好荷卜园自然村的人畜饮水工程和通村公路硬化，在荷卜园召开了一场紧张而务实的"党政联席会"。驻该村的4名乡干部和本村部分组长、党员代表被特邀参加。她与村主任侯识全等支部委员一致认为，要发挥村支部的战斗堡垒作用，积极主动地为群众做好事、办实事，尽早完成自来水和公路硬化工程。为节省开支，在保证工程质量的前提下，还要发动村民积极投工投劳，尽量降低工程成本。如今，这项工程已于6月底圆满完成。年过七旬的村民侯知长老人感慨地说："祖祖辈辈都没有喝上方便干净的自来水，走上平坦整洁的水泥路，想不到在我的有生之年还能实现这个愿望。"

侯红英作为一名村支部书记，她时刻把自己放在群众带头人的位置上来要求自己。为提高姐妹们的科技知识，她积极动员村里的姐妹们参加乡里的农村科技培训班，利用"农村现代远程教育"等卫星数字节目收看了《优质烤烟的烘烤与栽培》《西瓜的栽培》《妊娠母猪的夏季七防》等科技节目，学习西瓜、香瓜、烤烟、水稻的栽培技术，并学以致用，回家以后，就边学边指导生产实践。在她的带动下，村里的妇女们学习科技的热情不断高涨，勤劳致富的本领提高了，打牌打麻将的不良风气逐渐好转。

作为一名女村支部书记，她一直关心着村妇女儿童的合法权益。谁家吵架了，只要被她知晓，她便主动上门调解，特别是对纯女户结扎对象遇事想不通的，她更是三番五次上门做思想工作，要她们自信，抬起头来做人。

同和乡妇联 2007年7月2日
案例资料来源：郴州市北湖区妇女网

侯红英与丈夫李飞鹏结婚几十年来如一日，孝敬公婆，教育子女，营造了一个幸福和谐的家庭。齐家才能治村，侯红英作为村支书，做给群众看，带着群众干，带领村民勤劳致富。侯红英如何营造了一个幸福和谐的家庭的，正如材料中所言，扮演好自己在家庭中的角色，夫妻和睦，相互支持，尊老爱幼，这是关键。自古以来，婆媳关系难处，但是侯红英与婆婆相处得非常融洽，扮演了一个贤媳的角色，"八十高龄的婆婆身体行动已不太方便，侯红英只要有空，就与婆婆倾心交谈，床前房后搞卫生，并教育好孩子们要孝敬奶奶，让她度过一个安稳的晚年"。

案例十一：

白雍真家庭事迹

白雍真的家庭是一个平凡的普通家庭，但是她坚持"七无一好"，热心调解纠纷，积极宣传法律，乐于爱心帮教，一家人遵纪守法、夫妻恩爱、尊老爱幼、家庭和谐、邻里和睦，为创建平安和谐社会尽心尽力，得到了人们的普遍称赞。曾被泉州市司法局授予人民满意的律师和被省妇联授予热心支持妇女维权工作先进个人。

她积极投身于宣传法律。紧紧围绕社会平安和谐，经常应邀参加有关部门组织的安全生产、维护妇女儿童合法权益、预防和减少青少年犯罪方面的法律知识讲座，为促进安溪两个文明建设和社会平安和谐作出了贡献。

她热心调解纠纷。多年来，作为安溪县人力资源和社会保障局的法律顾问，她能站在法律公正的角度，从维护弱者出发，每接到这类案件都放弃休息，第一时间为顾问单位理出头绪，提出是否认定工伤的法律意见，并积极参与劳资纠纷案件调解，使得矛盾纠纷及时化解。

她乐于爱心帮教。多年来，她热衷于从事法律援助事业，办理各类法律援助案件100多件，并对承办的每一件法律援助案件做到尽心尽力、一丝不苟。在办理未成年人犯罪案件中，总是一方面第一时间会见当事人，除了了解案情外，还利用每次机会和当事人拉家常，告之家人对他的态度和相关法律规定，让当事人认识到自己行为对社会和他人的危害，放下包袱，依法认罪，争取得到从轻处罚。另一方面和家属沟通，帮忙找出孩子走向犯罪的根源，要求家长要伸手拉一把，不能让孩子有被嫌弃的感觉，积极配合法官和社区做好帮教工作,让当事人改过自新。

白雍真虽然事情多,工作杂,任务重,但十几年前,其爱人调到外地工作,照顾家庭的重担几乎全部在她的肩上。但她从无怨言,默默地支持着丈夫的事业,承担着教育儿子、照顾父母和公婆的责任。

在她的全力支持下,她爱人安心工作,在单位无论是工作,还是为人做事都得到一致好评。

她敬爱老人,尽量抽空看看老人、陪陪老人。现在母亲经常住在她家,因年纪大了,自己行动不便,周末她经常抽空带母亲出去走动,晒晒太阳。

她关心儿子的学习,注重培养儿子的独立生活能力。他们的儿子在这个和谐气氛十分浓厚的家庭熏陶下,从小就非常懂礼貌,尊重长辈,遵纪守法,在学校是好学生,在家里是好儿子、好孙子。

她还是热心社会公益。无论是爱心捐赠、同事邻里有困难,还是家乡的公益事业,她们都有一分爱心相送。几年来,她们还坚持一对一扶持一个家庭困难的大、中学生,多次获得县关工委授予热心助学的奖牌。在处理邻里关系上,也深得邻里的信任和尊重,是助人为乐的好榜样。

案例资料来源:福建妇联新闻网,2015/2/5

白雍真作为一个职业女性既在工作中发挥了独特作用,又在家庭生活中发挥了独特作用,在树立良好家风和弘扬中华民族传统家庭美德方面发挥了独特作用,而且能处理好工作与家庭生活的关系。她的工作业绩突出,曾被泉州市司法局授予人民满意的律师和被省妇联授予热心支持妇女维权工作先进个人。她是一位贤妻,支持丈夫的工作,并且丈夫工作成绩显著。她是一位良母,注重儿子的家庭教育,儿子从小就非常懂礼貌,尊重长辈,遵纪守法,在学校是好学生,在家里是好儿子、好孙子,并且考上了大学,参加了工作。她是一个孝女,尽心尽力照料母亲。在邻居眼中,她还是个好邻居,深得邻居的信任和尊重,与邻居和睦相处。白雍真家庭是一个普通平凡的、温馨幸福和谐的家庭,根本原因在于一家人在家庭生活中都扮演好了自己的角色,都有一颗爱心,能够良好互动,特别是作为家庭主妇的白雍真在其中发挥了独特的作用。

案例十二：

文明家风，和谐家庭
——安徽省"五好文明家庭"曹长江家庭事迹材料

在全椒县教育界，有这样一个优秀的三口之家。丈夫曹长江，中共党员，中学高级教师，1963 年出生，1984 年毕业于安徽师范大学，曾先后担任三圣中学和全椒中学教师，全椒中学教导处副主任、教导处主任和副校长。曾被授予"模范教师""优秀党员"等称号。滁州市第四届人大代表。现任全椒慈济中学党支部书记、校长。

妻子金文庆，勤劳善良，勤俭持家，默默扶持丈夫的工作，相夫教子，与邻里和睦相处。

儿子曹文卿，聪颖好学，温文尔雅，孝敬长辈，在学校、在单位，人人都认为他是一个非常棒的小伙子。

他们夫妻恩爱，儿子学业有成，家庭民主和谐，他们尊老爱幼，热心助人，他们用追求、进取、爱心、奉献诠释了家庭和谐幸福的真谛，他们创造并传递着家庭的幸福和谐。

全家人遵纪守法，慎诺守信是该家庭的传统美德，也是邻里和社会公认的优良品质，他的家庭是一个积极、文明、进取向上的家庭。

在家庭生活中，全家做到事业上相互支持，生活上相互关心，相互尊敬，几十年来，夫妻俩共同面对和战胜生活中的困难，共同分享生活中的欢乐和喜悦。男女平等、夫妻和睦是该家庭的良好家规与家风，全家人互相尊重，互敬互爱。在众多的亲戚朋友关系中，他们做到以诚相待，对双方父母，都孝敬有加。对兄妹的子女，他们均视如己出。在外面，也能做到尊老爱幼。车上，经常给老人或病人让座；街上或公园内帮助需要帮助的孩子，并经常教育子女，要尊重老人，礼让别人。

曹长江同志的家庭秉承着"活到老、学到老"的理念，认真学习党和国家的各项路线、方针、政策，不定期开展全家人学习心得体会交流。2006 年 10 月，曹长江同志担任全椒慈济中学校长、党支部书记。上任伊始，他结合学校实际，广泛调研，积极探求学校和谐发展的新思路，新方法，注重加强学校管理的系统工程建设。

打铁先得自身硬。不断学习，不断提高，永不懈怠，是曹长江同志不懈的追求。他广泛涉猎政治经济文化、教育管理法律法规等各领域的知识,用以指导教育管理实践活动。

把孩子培养好,也是对国家、对社会一种贡献,因此,夫妻俩不管多忙,也抽时间教育孩子。不娇纵、溺爱孩子,既教孩子学知识,又教他学做人,努力创造一个温馨、和谐、宁静的家庭育人环境,让孩子能健康地成长。为了让孩子从小孝敬老人、尊敬长辈,对人有礼,学会感恩,他们夫妻俩首先以身作则,言传身教,潜移默化地感染他,在日常生活中给机会他孝敬长辈;发现他对人有不敬的及时教育、引导,使他学会辨明是非,改正缺点。

一个和谐的家庭,总能有和睦的邻里关系。他们邻里的关系非常融洽,大家互帮互助,团结友善。逢年过节,串门过户,互相问候,共享节日。遇到老人生日,孩子升学,或者事业上有成就,与大家欢聚在一起庆祝。困难时大家都自觉地伸出友谊之手。

曹长江一家人能做到生活中热心、善良,与邻居都能和睦相处,经常帮助邻居解决家庭困难,平时以礼相待。在他们的影响下,社区居民互相关爱,掀起了邻里互帮互助活动高潮,营造了融洽和谐的良好氛围。

曹长江一家反对铺张浪费,支持节能低碳。生活上,作为妻子金文庆全力支持丈夫的事业工作,承担起全部家务,把家庭安排得井井有条;作为母亲的她培养儿女的成才倾注了不少心血,注重对孩子的道德情操教育,培养他们吃苦耐劳精神。

在学校,曹长江同志,不但身体力行,倡导环保、节约。把节能的意识贯穿到日常生活的点点滴滴,营造学校、家庭和社会良好的环保氛围。

扶贫济困,弘扬中华传统美德。全家人都热心于公益事业,夫妻俩不遗余力地为公共事业做贡献,夫妻俩都愿意用自己微薄的力量来反哺社会,也做了一些实质性的活动,在5·12汶川大地震发生后,夫妇俩在单位带头捐款捐物。

曹长江同志在日常生活中,对自己要求十分严格,他从不乱花一分钱,而对社会需要帮助的人,总是热心解囊相助。

案例资料来源:全椒县妇联网,2012/3/13

曹长江、金文庆和曹文卿一家人生活幸福和谐温馨,他们共同营造了良好的家风,传承和弘扬中华民族传统家庭美德。全家人事业上相互支持,生活上相互关心，相互尊敬，男女平等、夫妻和睦。对亲戚朋友以诚相待，对双方父母都孝敬有加，对兄妹的子女视如己出。夫妻俩重视对孩子的教育，以身作则，言传身教，创造了一个温馨、和谐、宁静的家庭育人环境，既教孩子学知识，又教孩子学做人。曹长江既是一个好丈夫、好父亲、好儿子，也是一个好老师、好校长。妻子金文庆既是一个孝女、良母，更是一个贤妻，为了支持丈夫的工作，承担起了全部的家务劳动，在家庭生活中发挥了独特作用，在树立良好家风和弘扬中华民族传统美德方面发挥了独特作用。夫妻都出色地扮演了自己的家庭角色，他们用追求、进取、爱心、奉献诠释了家庭和谐幸福的真谛，他们创造并传递着家庭的幸福和谐。

案例十三：

婚姻和睦家庭之王晓超家庭

漯河医学高等专科学校王晓超和李晓莉两位教师职工，模范执行计划生育国策，家庭民主、家风文明、晚婚晚育。夫妻之间互敬互爱、忠实信任、谦和谅让、互帮互助、和睦相处。

夫唱妇随，比翼双飞。把精力放在工作上，历练情操，提高生活品位。王晓超毕业于河南师范大学计算数学专业，在教务处工作兼任计算机教学。李晓莉毕业于新乡医学院临床医学专业，来到漯河医学高等专科学校学校后就担任20多节课的教学任务。初到学校面临中专升专科的关键时期，各种教学材料需要加班加点整理，有时候甚至工作通宵，二人均能积极参与其中，辛勤工作，圆满完成领导交办的各项任务。以学校发展和工作责任为重，顾大家舍小家。王晓超工作踏实，办事认真，在教务处参与教学管理，设备管理等工作10余年，得到领导和群众的普遍好评。李晓莉美丽大方，温柔贤惠，在校医疗美容专业从事教学工作，能够独当一面，在干好本职工作的同时，还大力支持丈夫工作，勤劳持家，任劳任怨，深得领导和同志们的肯定。二人从工作中认识到结为夫妻，夫唱妇随，比翼双飞，倾尽全力在自己的岗位上为学校发展贡献力量。

正确对待家庭矛盾，合理解决矛盾，有意识地增加家庭生活中的正能量。将近10年的婚姻生活，两人和睦相处，相互忠诚信任。由于王晓超业余从事计算机教学，教学管理中涉及的许多医学管理知识，有临床医学背景，长期从事医学教学的李晓莉就能提供不少帮助；而李晓莉的多媒体课件制作和计算机软件操作上的问题也少不了王晓超的帮助。两人优势互补，并能从内心都认识到学校都升格了，自己更要钻研业务，积极认真地听课、观摩、备课和大量地阅读书籍文献，搜集网络资料，自费参加培训学习等方式不断增强自身能力，同心协力提高个人素养，教学相长，甘于为人师表，勤于教书育人。

婚姻和睦是家庭幸福的源泉，社会和谐的基础，处理好婆媳关系是一门高雅的学问。两人信奉家庭和谐为中心，相互尊重和理解为前提，有分歧回避矛盾或共同讨论解决，礼让为先，婆媳有矛盾发挥儿子的中介作用。夫妻二人原籍分别是长葛市和西华县，自从大学毕业后来到漯河医学专科学校工作，已经把漯河作为自己的第二家乡，夫妻爱岗敬业、和睦相处、相敬如宾，祖孙三代，其乐融融。王晓超兄妹二人，勤劳持家的父母原来均在农村生活，王晓超从小就受到婚姻和睦、家庭民主、家风文明的家庭环境熏陶。优良的传统得到夫妻二人的传承和发展，自从二人有孩子后，父母就来到漯河医学高等专科学校家属院居住，已达7年时间，家庭一派和谐。这主要是因为父母教导有方，夫妇二人孝敬父母。紧张工作中夫妻二人抽空带双方父母家人到上海旅游参观世博会。给父母建立健康档案，每年抽时间到医院做一次健康检查。逢年过节或者父母生日给父母买衣服和生活用品，送孝敬的零花钱等，还在漯河市为来这里居住的父母都配备了手机、办理了人寿健康保险、城市居民医疗保险，以及享受一定社会优惠待遇的老年证。为了让父母生活无忧，孩子健康成长，全家人的幸福快乐，夫妻二人琴瑟和谐，鸾凤和鸣，合力搭建了一个良性发展，健康向上的家庭生活平台。

案例资料来源：漯河妇联网，2014/4/14

婚姻和睦是家庭和睦的基础，是家庭幸福的源泉，没有和睦的婚姻怎么会有和睦的家庭？王晓超和李晓莉夫妻之间互敬互爱、忠实信任、谦和谅让、互帮互助、和睦相处，他们共同营造了民主的家庭和文明的家风。再好的夫妻也会有意见相左的时候，再好的家庭也会有矛盾，关键是如何处理家庭成员的不同意见，处理好这个问题，家庭就和睦，处理不好这个问题，就会产生矛盾，甚至矛盾越积越多，可能会导致夫妻反目、父子反目、兄弟姐妹之间反目成仇。王晓超和李晓莉夫妻有分歧时懂得回避矛盾或共同讨论解决，礼让为先，能正确对待家庭矛盾，合理解决矛盾，有意识的增加家庭生活中的正能量。处理好婆媳关系是一门高雅的学问，王晓超作为丈夫和儿子的双重身份在婆媳和睦相处中发挥了重要作用。文明的家风，优良的传统得到夫妻二人的传承和发展。

案例十四：

林宜平最美家庭事迹材料

林宜平是柘荣县城郊乡赤岭村的支部书记，抱着为社会尽一份责任的心态，一直以"勤勉做事、清廉做人"勉励自己。他个人廉洁的工作作风，与家庭每个成员坚决拒腐有关。妻子游月秀任劳任怨地当好贤内助，对他的工作给予很大的支持；儿子林衍勤奋努力认真学习，认真勤勉的态度与其父亲如出一辙。

俗话说：家"廉"万事兴，家庭和谐是干事创业的坚强后盾，宜平支书家庭中的每个成员都公私分明，恰当地处理好家事。

林宜平一家三口，自结婚以来，夫妻和睦，孩子好学懂事。在家庭教育中，坚持以美德治家，在生活中相互照顾、相互信任；在工作中相互理解、相互支持。2013年底，沈海高速复线柘荣赤岭段及新车站安征迁工作有序进行，前期特别是安征迁工作任务艰巨而复杂。宜平支书事事亲力亲为跟着征地小组开足马力展开工作，量土地、画图纸、签合同，时常没日没夜加班到七点多。宜平刚想和妻子解释，没想妻子已主动跟他说："老公，你就放心地去干你的事业吧，我不会拖你的后腿，我会照顾好家，照顾好孩子的。"

赤岭村"村账笔笔清、村事件件议、村务人人明"，林宜平家庭清廉守法，遵守国家计生、廉政的有关政策，个人素质丝毫不放松，在职深造农林大学经营管理专业。生活在变，周遭一切也在变，但其家庭丈夫勤勉、妻子助廉、儿子勤奋的劳动本色始终保持不变，最美家庭誉满城郊。

案例资料来源：宁德妇联网，2015/4/7

家风特别是领导干部的家风会影响党风、政风和社会风气，家庭和谐是干事创业的坚强后盾，林宜平作为村支部书记，他廉洁的工作作风与良好的家风有关。林宜平夫妻和睦,在家庭教育中,坚持以美德治家,在生活中相互照顾、相互信任;在工作中相互理解、相互支持。林宜平既能扮演好村支书的角色,又能扮演好丈夫和父亲的角色,并且公私分明,不以公肥私,也不以私害公,和谐拒腐的家庭是他能够做好村支书工作的坚强后盾。妻子游月秀任劳任怨地当好贤内助,扮演了贤妻良母的角色。丈夫勤勉、妻子助廉、儿子勤奋,是一个和睦幸福的家庭。

案例十五:

全国五好家庭张建忠家庭事迹

张建忠,男,1966年12月生人,毕业于曲阜师范大学思想政治教育专业,1981年5月至今在家乡古云中学从事教育工作。妻子孙凤玲,古云镇中心小学教师。长子张光宇,现任阿里巴巴支付宝技术专家。大女儿张光璐现任杭州网易青果产品经理;次女张光乐获得中国科学院光学博士学位后,现就职于沙特阿卜杜拉国王科技大学(KAUST)博士后。

张建忠的父母和妻子都是教师。在履职好教师岗位的同时还做好家庭的引领教育。张建忠家庭第一条遵循的家训就是讲孝道做和睦邻里的和事佬。父母以身作则为孩子做表率,张建忠夫妻俩无论多忙,工作之余都要到父母的住处拜见父母,料理家务,促膝谈心拉家常。在处理邻里关系上大事讲原则,小事讲给予。数十年来张建忠家庭从没和邻居红过脸,经他母亲亲手布施的大事小事举不胜举。

张建忠家庭把责任、感恩与担当视为他们家的第二条家训。你是"长"就应该做表率多付出。家长领好路、兄长带好头。家庭成员在他们的影响下,学会了生活上彼此照顾,学习上彼此鼓励,好吃的互相让,家务活争着干。三个孩子逐渐养成了学习有标杆、生活有标准。

张建忠家庭第三大家训是静心品读经典;多做利于家庭福祉社会的事。孩子们从小就涉足国学经典汲取营养。他带领子女早晨早起后的第一件事就是诵读经典30分钟,晚上睡觉前的30分钟也作为听经典的固定时间。读经典成为孩子们成长过程中弥足珍贵的精神食粮。在两个农村教师共同哺育下,在古圣先贤的文化熏陶中,孩子们的性情、德行有了更广阔的发展。

面对三个孩子的骄人成绩,张建忠老师倍感欣慰,但他并没有止步而是要将更多的爱、更多的情带给更多的学生和家长。用家庭教育的成功经验义务且广泛面向社会宣传，宣传中华美德；宣传家庭和谐的真谛；宣传新时代家庭更需要什么；宣传中国梦家庭梦。张建忠老师自参加工作至今，始终坚持用中华传统文化引领自己的教育教学工作，始终坚持爱心做教育，精心育新人的教学理念，始终把促进学生性格全面和谐发展作为己任。对工作兢兢业业、恪尽职守，对学生百般体贴和爱护。他尊重教育教学规律和学生的认知规律，充分放手让更多学生敢于实践敢于尝试。给学生提供尽可能多的发展平台，给学生尽可能多的展示机会。

规矩面前要刚，结果面前要柔。坚守苦戒不二法则。这是张建忠家庭的第四大家训。他说孩子需要方的规矩、也需要圆的快乐。方的规矩就是将诗、书、礼、仪、信变成品行坚实的主框架；圆是圆通，而不是圆滑，灵活而柔和的面对生活现实和挫折。

乐善好施过低碳生活是张建忠家庭的第五大家训。把握好孩子自然的成长规律，善待身边的人和事，养成大度的风范，让尊重舒展孩子的自然本性，让孩子学会乐善好施、宽以待人。从2006年起，夫妻俩就热衷公益，制定了慈善助学计划。积善之家必有余庆。张建忠老师的孩子在和睦的家庭中健康成长是幸福的，不幸家庭中的孩子受他的帮助摆脱了不幸更是幸福的。由于张建忠家庭的成绩显著，张建忠本人也先后被评为莘州英才、聊城市优秀教师，聊城市五老志愿者、聊城市十大教子有方最美家庭等多项荣誉称号；山东省最美家庭。妻子也是聊城市优秀教师。2006年2月8日中央电视台感动中国栏目组以"一位农村教师的为师之道"对张建忠老师在网络上专题报道。2017年7月12日阿里巴巴基金会特邀张建忠老师在美丽的杭州参加了"2017年新农村校长国际论坛"。

案例资料来源：聊城妇女网，2018/6/17

张建忠一家两代都从事教育工作，他们重视家庭文化建设，树立良好家风，弘扬中华民族传统家庭美德。没有规矩不成方圆。张建忠的家训是和谐家庭建设的一个支撑点，也是一个亮点。第一大家训就是讲孝道做和睦邻里的和事佬；第二大家训是责任、感恩与担当；第三大家训是静心品读经典，多做利于家庭福祉社会的事；第四大家训是规矩面前要刚，结果面前要柔，坚守苦戒不二法则；第五大家训是乐善好施过低碳生活。这五大家训既继承和发扬了中国古代社会家训的内容，又融入了时代的元素。

案例十六：

首都和谐家庭标兵海淀区张敦强家庭事迹

张敦强一家温馨和谐。张敦强本人身残志坚、事业有成；夫妻勤俭朴素、爱岗敬业；儿子聪明好学，成绩优异。他们孝敬老人、热心公益、邻里和睦、乐于助人，赢得了社区居民的赞誉。

张敦强七岁那年得了小儿麻痹症，他的人生道路因残疾而坎坷不平，因残疾而失去了许多常人应该有的机会。但他敢于面对残酷的现实，他从不因为自己残疾而自卑、沉沦。在当时社会对残疾人的教育有很多歧视的情况下，他承受着巨大的心灵和身体的痛苦，通过艰辛努力，终于考入大学、考取研究生，最后以优异的成绩分配到我国最大的通信技术研究所。

在所里，他们夫妻都承担国家重点工程项目。工作中，他们扎扎实实、一丝不苟。由于工作中表现非常突出，他们夫妻很快担当起项目中的科研骨干，成为许多重大项目负责人，顺利晋升为高级工程师。

张敦强夫妻对老人非常孝顺。张敦强岳父母原先一直住在农村，考虑到岳母患有严重的糖尿病，农村生活艰苦，不利于岳母病的治疗，他和爱人商量着把二老接到北京来住。

二老来北京后，因为主卧宽敞，带有卫生间，起居方便，白天阳光明媚，他们就把主卧腾出，让二老居住。知道老人喜欢连续剧，喜欢听戏，又特地为他们配上电视，同他们一起看电视，为他们讲解，让他们生活不感到寂寞。

二老年事已高，身体虚弱，经常生病，张敦强自己患有小儿麻痹症，行动不方便，他爱人患有胃病，常年吃药，因此，家庭生活负担很重，他和爱人从无怨言。

孩子健康的成长，与温馨、和谐的家庭环境是息息相关的。他们深知家庭是儿童成长的第一个社会，父母是儿童的第一任老师。儿子是家中一员，他们尊重他的爱好，给他一定的自主权利，除了照顾好儿子的生活、关心他的学习之外，还经常和儿子谈谈心，教育儿子怎样做人，怎样做事，怎样才能成为社会上有用之才。在家长的熏陶下，儿子学习成绩一直名列前茅，每年都能获得"三好学生"奖励。由于儿子学习成绩优异，小学毕业前一年，就被选拔进入人大附中创新拔尖班。

他们积极参与社会公益活动，以力所能及的方式服务于社会。在爱人的支持下，张敦强先后担任过小区代表大会召集人、小区业主委员会委员、居民代表、楼门长等，他是小区有名的积极分子，不管是居委会选举，还是物业调解关系、参加义务活动、为灾区人民捐款捐物等，到处能看到他的身影。同时，张敦强还担任着海淀区肢残协会委员的职位。所有这些社会公益活动，都展现出这个和谐家庭对他人及社会的爱心。

这个家庭，夫妻敬业爱岗事业有成、老人安享晚年快乐生活、孩子认真学习健康成长，是社区温馨、快乐、和谐、奉献社会的幸福家庭的典范。

案例资料来源：北京妇女网，2013/10/15

张敦强是个残疾人，但是有一个温馨和谐幸福的家庭。张敦强身残志坚、自强自立、爱岗敬业、事业有成，他通过艰辛努力，终于考入大学、考取研究生，顺利晋升为高级工程师。他们夫妻也是工作上的合作伙伴，都承担国家重点工程项目。张敦强夫妻对老人非常孝顺，张敦强是个好女婿，岳父住院治疗期间，他和妻子共同照料岳父。他也是一个好父亲，当好孩子的第一任老师，教育儿子怎样做人，怎样做事，怎样才能成为社会上有用之才。他们夫妻积极参与社会公益活动，以力所能及的方式服务于社会，是所在社区温馨、快乐、和谐、奉献社会的幸福家庭的典范。

案例十七：

传承好妈好爸好家风典型
——刘联庆家庭主要事迹

父辈们文化水平不高，但其身上散发出的精神，影响着大家庭中的每个成员，男女平等、尊老爱幼、友爱和谐、温馨和睦等几千年的中华传统美德，经过言传身教，在这个家庭中一代一代地传承。

父亲刘毓明30多岁时患脑瘤，双目失明，全家生活的重担全压在母亲黄祖秀一个人身上。在外劳作维持生计、照顾年迈多病的父母、脑瘤失明的丈夫和幼小的孩子，从此母亲起早贪黑的身影在刘联庆的脑海中留下深深的印记。

母亲的言传身教也影响着刘联庆，尽量做一些自己力所能及的事，为母亲分担生活的压力。直到刘联庆的外公去世，后来，外婆患上老年痴呆，一些常人认为比较简单的事到老人那，总会乱七八糟，但母亲从不指责外婆，甚至没有一句抱怨的话，一有空闲就带着老人出外晒太阳、接触大自然，直到外婆离世。

现在，刘联庆的父母亲已是八十多岁的老人，身体日益老迈。但母亲却不愿为儿女添麻烦，仍然自己单独住，这成了刘联庆的一块心病，在爱人支持下，一家人坚持做老人的思想工作，终于说服老人，将其接到身边。

刘联庆的两个女儿在这种家庭的氛围和言传身教中，也将这种美德传承，对爷爷奶奶非常孝顺，帮助两老做力所能及的事，怕两老孤单，放学回家总会给两老讲学校发生的故事。

刘联庆现在的家庭关系非常融洽、和谐。家庭成员之间的互相理解、支持和帮助，从未发生争吵、打闹情况。当夫妻间意见不一致时，总是按照摆事实、讲道理的原则，心平气和地解决分歧，取得对方的理解和支持，媳妇心系婆婆，婆婆理解媳妇，嘘寒问暖。

让孩子成为一个对国家、对社会、对家庭有用的人，离不开教育，教育是立身之本。在那个困难的年代，母亲黄祖秀没有因为困难而让孩子们辍学，更没有重男轻女，母亲深知没知识没文化的危害，常嘱咐孩子要好好学习。正是母亲的开放思想，在刘联庆姊妹中，培养出三个大学生，五个大专生。

因为传承和现实的需要，刘联庆在孩子的教育上舍得投入，宁愿自己少吃、少穿，也不能少了孩子的教育投入，生活上要粗犷，精神上要细腻，成为了刘联庆家庭的又一个生活理念。

对于现在的家庭，他感到非常满意，家庭成员之间不管是横向还是纵向的关系都相当和谐，是一个真正和睦的大家庭。之所以取得这样的局面，总结起来就是：真心付出、真诚相待、换位思考、包容谦让。人和人之间的关系是一种相互、互动的关系，只要大家能做到一个"真"字，少一点私心，多一点公心，一定能建立起和睦的家庭关系。

案例资料来源：七星关区阳光党务政务网，2014/05/19

这是一个传承好家风的典型，父母是好父母，尽管他们文化水平不高，但他们有真诚、有爱。男女平等、尊老爱幼、友爱和谐、温馨和睦等几千年的中华传统美德，经过言传身教，在这个家庭中一代一代地传承着。这个家庭没有重男轻女，在那个困难的年代，母亲黄祖秀没有因为困难而让孩子们辍学。受这种家风的影响，刘联庆对两个女儿的教育投入很大，两个女儿都非常优秀。父母非常体谅子女，为了不给子女添麻烦，坚持自己独住。子女有孝心，而媳妇更是一个好媳妇，支持丈夫把公婆接来同住。夫妻关系和谐是家庭关系和谐的基础，当夫妻间意见不一致时，刘联庆夫妻总是按照摆事实、讲道理的原则，心平气和地解决分歧，取得对方的理解和支持。婆媳关系是家庭关系中最敏感的关系，处理好婆媳关系是家庭关系和谐的关键，刘联庆的母亲和他的妻子之间能够做到媳妇心系婆婆，婆婆理解媳妇，嘘寒问暖，婆媳关系和谐融洽。

刘联庆一家家庭成员之间不管是横向还是纵向的关系都相当和谐，是一个真正和睦的大家庭。他们的经验就是：真心付出、真诚相待、换位思考、包容谦让。人和人之间的关系是一种相互、互动的关系，只要大家能做到一个"真"字，少一点私心，多一点公心，一定能建立起和睦的家庭关系。

案例十八：

爱心奉献传佳话，和谐之家美德扬

——宋海丽家庭事迹

宋海丽是黑龙江省安达市曙光职业技术学校校长、市龙妹家政服务中心经理，爱人是化工厂优秀的仪表修理工。他们家没有轰轰烈烈的事迹，全家人遵纪守法，尊敬老人，互敬互爱，积极进取，乐于助人，生活的很快乐。

夫妻俩既忙工作，也尽心尽力孝敬父母。公公 2000 年患脑血栓生活不能自理，他们忙前忙后悉心照料，公公终于有半边身子可以自由活动了。如今公婆和母亲都已 70 多岁高龄，宋海丽逢年过节都给 3 位老人添置新衣，每次外出都带回老人爱吃的点心；平时注意迎合老人饮食习惯，单独给老人做软烂的饭菜，将最好的先给老人吃；闲暇时陪老人聊天、哄老人开心，有时老人心情不好发脾气，她也总是一笑置之。婆婆常夸赞她的"孝",说她比亲生女儿还要好、还要"贴心"。但她认为这是儿媳的本分,尽心尽力是应该的,只求"更好"。

看到宋海丽工作辛苦,丈夫更多地承担起培育儿子的责任,井井有条地处理好家中的大事小情。夫妇俩的言传身教对儿子影响很大,他从小就懂事、自立,成绩名列前茅,对人有礼貌,帮着家人照顾爷爷,曾获省优秀三好学生称号。

案例资料来源:黑龙江妇女网,2018/5/16

宋海丽是一个事业有成的职业女性,爱人是一名修理工,他们夫妻互敬互爱。宋海丽既在社会生活中发挥了独特作用,又在家庭生活中发挥了独特作用。宋海丽既是一名职业女性,又是一名贤妻、贤德的儿媳妇、孝女、良母。夫妻俩既忙工作,也尽心尽力孝敬父母。婆媳关系是家庭关系中最不好处的关系,宋海丽以自己的真心和孝心赢得了婆婆的好感,婆婆常夸赞她的"孝",说她比亲生女儿还要好、还要"贴心"。但她认为这是儿媳的本分,尽心尽力是应该的,只求"更好"。由于妻子忙,丈夫自觉地当起妻子的"贤内助",更多地承担起培育儿子的责任,井井有条地处理好家中的大事小情,这是对男女平等一种新的诠释。好的家风就是一种重要的家庭教育资源,夫妇俩的言传身教培养出了优秀的孩子。

案例十九:

首都和谐家庭标兵延庆县王玖华家庭事迹

王玖华出生于一个特殊的家庭,聋哑、智障的父母,一贫如洗的家庭。"穷人的孩子早当家,"作为家中的长女,她把孝敬老人当做自己义不容辞的责任。洗衣、做饭,春种、秋收,从学校到家再到田间地头——三点一线的生活伴她走过了童年,走过了少年,走过了在多少人的一生中曾经美丽、无忧的日子。

高考那年,繁重的课业负担以及繁忙的家务琐事让王玖华不堪重负,落榜了。亲戚朋友纷纷前来劝说让她再复读一年,可那时奶奶已经八十高龄,父母的年岁也越来越大,几番挣扎后她毅然放弃了学业,选择了留在家里。2004年选择结婚的她,肩上承担起了照顾四个老人的重担。

2005年,儿子出生了,奶奶却因胯骨骨折长期卧病在床。嗷嗷待哺的婴儿、四个等待照顾的老人,沉重的家庭负担压得她喘不过气来。奶奶卧病在床两年,由于牙口不好,她就潜心钻研各种适用老人的饭菜做法。各种荤素菜肴的搭配,以及各种滋补汤饮的调理,她成了奶奶的"专业营养师"。为了促进奶奶身体血液循环,她经常给奶奶擦澡、翻身、洗脚、按摩。有时奶奶疼得睡不着,她就坐在奶奶身后,让奶奶半躺着靠在自己身上,整夜地陪她,腿都压麻了也全然不顾,第二天强打着精神给全家人做饭。

2008年奶奶病危,临终前,玖华知道奶奶有未了的心愿,奶奶是放心不下聋哑、智障的爸妈。看到奶奶含泪的双眼,她伏在奶奶的耳边说:"奶奶,我不会丢下爸爸妈妈,丢下这个家不管的,我会一直照顾他们,您就放心吧。"奶奶听后,安详地闭上了双眼。

玖华孝敬老人的行为也深深地影响了下一代。儿子已经七岁,但孩子从不嫌弃姥姥和姥爷是聋哑人,有时他还帮妈妈给老人喂药。忙碌了一天后,儿子还会端来热水为妈妈洗脚,看到儿子用稚嫩的小手为自己揉搓着双脚,她的热泪在眼底打转。

孝敬老人,玖华觉得自己只是承担了应尽的义务,但是能够把十年、二十年甚至是几十年当做一天,不改初衷,她做到了无愧于心,无愧于天!

案例资料来源:北京市妇联,2013/10/15

王玖华在和谐家庭建设中发挥了独特的作用。王玖华的家庭是一个特殊的家庭,父母聋哑、智障,家里一贫如洗。为了照顾家庭,她毅然放弃了高考复读的机会。作为家中的长女,她把孝敬老人当做自己义不容辞的责任。她作为女儿和儿媳妇,不但要照顾好自己的父母,而且还要照顾好自己的公婆,和其他人不同的是,她还要替自己的父母尽孝,照顾年迈的奶奶。良好家风和中华民族传统家庭美德是在日常生活中通过家庭成员的行为体现出来的,是重要的家庭教育资源,潜移默化地影响着孩子,王玖华孝敬老人的行为也深深地影响了下一代。

案例二十：

普通妇女呵护和谐大家庭

吕秀珍，女，汉族，1956年8月生，青岛市城阳区棘洪滩街道小胡埠社区居民。吕秀珍多年来默默地和丈夫一起，担负了照顾父母、公婆的义务，拉扯着无父无母的侄女和智障的侄子，帮扶着残疾的小叔，一个大家庭的重担和责任，都压在了这个普通妇女的肩上，她从无怨言，用女性的柔情，默默地温暖、呵护着一个幸福和谐的大家庭，由于她的好人品好风格，赢得邻里的高度赞赏和崇敬。

公婆家里四个儿子，丈夫是老大，老二很早去世，老四残疾，一个大家庭的重担都压在了她和丈夫肩上。婆婆瘫痪在床上9年，大多是她一人送汤送水、端屎端尿的伺候，公公有时感觉很过意不去，心痛的数落着让她回家休息，并抢着帮她干点家务活，婆婆临死的时候拉着她的手一直流泪，虽然不能说话，但眼里的那种感激与不舍表达得淋漓尽致。婆婆2002年去世，过世没多久，三弟媳妇的病已到晚期，照顾弟妹的事又责无旁贷地落在了她身上，白天除了照顾自己家里的大小，还要给弟妹一家做饭，天天晚上给弟妹按摩，翻身，弟妹连睡觉都要她陪着，一直到去世。弟妹去世半年后，本该松口气的她，又遇上一个更大的麻烦。三弟在一次车祸中去世，撇下的一双儿女就这样成了她的孩子。

娘家母亲2005年得了阿尔兹海默症，为让老人过得好一点，她和丈夫商量后，把老人接到自己家里，整整四年，一直将母亲照顾到离世。其中的劳累心酸只有自己知道。她常说的一句话就是：要学会帮助别人，别求回报，只求安心。

丈夫的四弟从小腿部残疾。前年，四弟脑干出血，要不是她这个大嫂，恐怕早已不在人世，连医生都说这是奇迹。

做事坦荡，问心无愧，绝不在别人背后说坏话，这是她的人生原则。儿子媳妇在她的影响熏陶下，在单位处处表现优秀，儿子在四方机厂工作，由于做事扎实认真，对人好，被车间同事推选、厂里破格提拔为中层干部，每年获总公司优秀干部称号。儿媳是一名幼儿园园长，工作认真热情，耐心细致，多次被评为街道优秀教师，像她的婆婆一样帮助同事已成习惯，所以，在同事、家长和领导眼里，她就是一个善良的天使。

夫妻两人非常关心社区工作，主动帮助社区清扫道路，为社区失业人员介绍工作。他们的付出没有物质回报，但得到了多少金钱都买不到的东西。他们赢得了周围人的尊重，赢得了社区领导的赏识，赢得了儿女的孝敬。

吕秀珍被评为青岛市"文明市民""城阳好人"。

案例资料来源：大众网，2014/7/4

吕秀珍是一个普通的妇女，但是营造了一个和谐的大家庭，在这个和谐大家庭的营造过程中，吕秀珍发挥了独特作用，是一个道德楷模。照顾公婆和父母是她应尽的义务，她照顾瘫痪婆婆的孝行感动了公公，婆婆带着对儿媳妇的感激之情离世，这样和谐感人的婆媳关系是吕秀真这个儿媳妇真诚付出的结果。妯娌之间没有相互照顾的法定义务，但是吕秀珍依然担负起照顾妯娌的重担，妯娌和丈夫去世后，她又承担起抚养侄子和侄女的重担，并帮助他们成家立业。作为嫂子，她也承担起照顾患病小叔子的重担，是个难得的好嫂子。良好的家风直接影响了下一代的成长，儿子和儿媳妇都在工作中表现突出，受到单位领导和单位同事的尊重。吕秀珍把这个多灾多难的大家庭营造成和谐大家庭的秘诀是什么？正如她教育孩子们的一样，帮助别人只能想到付出，不能讲求回报，更不要声张表功。别人对不起你的时候不要计较，以德报怨，别人满意就是我们的幸福。做事坦荡，问心无愧，绝不在别人背后说坏话，这是她的人生原则，也是这个多灾多难的大家庭温馨和谐的根本原因。

案例二十一：

"赣州市最美家庭"刘少鹏家庭事迹

这是一个温馨幸福的家庭，在这个家庭里，普通的日子里洋溢着浓浓的甜蜜，相亲相爱的一家人用爱共同描绘出了一幅和谐家庭的美好画卷。

刘少鹏自参加工作以来，十七年一直在基层派出所。结婚后，爱人面临几次提拔改行的机会，但为了照顾年迈的公公和幼小的孩子，刘少鹏对爱人说："因为我的职业无法顾家，你就好好做一名普通老师，照顾好家。"就这样，爱人毅然放弃了提拔改行的机会。这种放弃，饱含的是对丈夫工作的支持和理解；这种放弃，蕴藏的是对家庭的责任和浓浓的爱意。因为刘少鹏的职业所担负的特殊使命，父亲去世时，却因执行任务不在面前，没能见上最后一面，爱人担起了作为儿子的所有责任，当兄弟姐妹都埋怨他时，爱人给予了他理解和支持。因为心中有爱，所以理解宽容，他的家庭充满着温情和感动。

早年失去母亲的刘少鹏，对父亲格外孝顺，只要一回家，就陪着父亲聊天，平时有空就和爱人带着父亲出去逛逛。在父亲过世后他对爱人说："这些年，照顾我爸爸你辛苦了，把你父母接家里来吧，我们只有这个爸妈了，多花点时间陪陪他们。"于是，他从乡下把岳父母接来共同生活。因为心中有爱，所以孝老爱亲，他的家庭充满着和谐和幸福。

"赠人玫瑰，手有余香"是刘少鹏全家最喜欢的一句话，作为父母，刘少鹏夫妇常对孩子说："帮助别人，能使别人快乐，也能使自己的心灵获得快乐。"他们全家热心公益事业，节假日里，经常走进赣州市福利院、赣县梅林镇福利院，给福利院的老人、孩子包饺子、表演节目，送去一份温暖。因为热心公益，爱人陈红燕被评为江西省、赣州市服务交通公益人物。因为心中有爱，所以乐于助人，他的家庭充满着快乐和正能量。

在刘少鹏家，他们夫妻俩的教育理念是一致的：爱孩子就要教会他懂得自立自强、自尊自爱，就要充分尊重孩子的兴趣爱好，发掘他的潜在能力和优势，就要让他去尝试和经历。在教育孩子成长的路上，他们播撒了浓浓的爱意，倾注了无限的心血，耐心地静听花开的声音，10岁的儿子养成了良好的行为习惯和道德品质。

爱，让这个家庭心灵相通；爱，让这个家庭温暖如春；爱，让这个家庭和谐美满！因为爱，所以爱！

案例资料来源：赣州党务公开网，2015/11/16

刘少鹏一家人用爱共同描绘出了一幅和谐家庭的美好画卷。夫妻两个都有自己的工作和事业，为了支持丈夫的工作，照顾年迈的公公和幼小的孩子，妻子毅然放弃了提拔改行的机会，无怨无悔。刘少鹏工作性质特殊，妻子替代他在父亲面前尽孝。妻子作为一个职业女性能正确处理好工作和家庭的关系，发挥了在家庭生活中的独特作用，发挥了在树立良好家风和弘扬中华民族传统家庭美德中的独特作用。良好的家风是一种独特而珍贵的家庭教育资源，潜移默化地影响着孩子的成长。让这个家庭美满和谐的原因是爱，因为爱，才父慈子孝；因为爱，彼此才能包容，才能温馨和谐。

案例二十二：

陆河县河田镇城北社区彭志添事迹材料

有人问，家是什么？我认为家是一份职责，家是彼此的真诚相待，家是温暖的港湾。因为有了温馨的家，生命中的每一个日子，都有美丽。彭志添的家是一个大家庭，有和蔼可亲的奶奶，有善良勤劳的爸爸妈妈，有贤惠知礼的爱人，还有一个活泼可爱的儿子。在家里彭志添始终倡导夫妻和睦、尊老爱幼、勤俭节约、邻里互助等积极向上的氛围，也坚持百善孝为先的原则来要求自己，并由此来教育孩子。

在这个家庭里，全家人之间互敬互爱。一家人在不同时代成长，有不同的性格、不同的习惯、不同的爱好，所以在一起生活难免会有不适应，会有摩擦，这就需要彼此多点宽容、多点谦让、多点谅解，做事多从对方角度思考一下。在这个家里没有"男尊女卑"，只有平等和谐，家务全家一起做，有事全家一起理，欢乐全家一起享。

奶奶，吃苦耐劳，勤俭持家，一分一厘、一钉一铆、一草一木，都合理使用，早年因家庭困苦，奶奶跟爷爷去香港发展，成为了一名港胞，搬砖工、水泥工什么都做过。自从她从香港回来家乡常住后，家周边就多了一小片一小片的菜园，她说自己种的菜更好吃，其实她就是想着节约挺好的；她的行为让我们更懂得勤俭节约是中华民族的传统美德，是中国人的优良传统。

爸爸，他是一个不多话的"大男人"，在教育孩子方面，他总有他一成不变的原则"读书才有出路"。在爸爸的原则下，三兄妹都有幸成为了大学生，都在社会上取得了立足的基础。在教育孩子方面，他总有他一成不变的原则"勿以善小而不为"，他说路上看见石头要捡开，遇见穷人要帮助，修桥修路要出力等。在这样的家庭熏陶下，家里助人为乐的品德也渐渐显现。

妈妈团结邻里，孝顺长辈；她是邻里们有口皆碑的"好大姐"。谁家需要帮忙去谁家，不管红白喜事、日常琐事，只要周边邻居家有事，她知道了，一定会过去多问几句，能帮的一定帮，能做的一定做，毫不吝啬她的热情与爱心；因为我爷爷奶奶早年去香港发展，家里生活重担就在她身上，太公太婆、爷爷奶奶，从他们开始的日常生活起居、日常唠叨，到后来洗澡喂饭、没日没夜，她从来无怨无悔，持之以恒，在她的悉心照料下，孝心呵护下，太公太婆和爷爷奶奶都享受着过着他们和谐温馨的晚年，在她无微不至的照料下太公也成为当时不多的百岁长寿公。妈妈用她最简单的方式言传身教，以德育人，让孩子们懂得以和为贵，百善孝为先的真谛。

妻子，她是一名人民教师，也是一名共产党员。家庭是船，事业是帆，帆儿推动船行，船儿扬起风帆。在妻子的理解和支持下，彭志添可以安心且放心地干事业。夫妻俩遇到事情一起商量，遇到困难一起解决，生活上共同照顾双方老人，教育小孩，事业上互扶互持，二人互相理解、尊重、关心、支持，从来没有因生活琐事而吵架，在妻子的努力支持下，他们夫妻俩成为共同"出得厅堂、入得厨房、顾的家庭、干的事业"的和谐夫妻。

彭志添本人是一名党员，时刻都以一个优秀的共产党员的标准要求着自己，是一个在和谐快乐的家庭环境下成长的人，懂得被爱、也懂得去爱；在工作中，认真负责、努力奋进、团结互助。在生活中，乐于助人是父母赋予他的"本性"。在自己的努力下，大家的信任下，彭志添荣幸被选为陆河县河田镇城北居委会居民代表、陆河县润达花园业主委员会主任。

儿子，一个几岁的"小不点"，在这个和谐家庭的熏陶下，从小就懂得孝顺老人、帮父母干活、知学上进，其实他们就是世间最平凡的儿女，最简单的父母，家庭的每一位成员都有一颗平凡的爱心，他们互帮互助，互敬互爱，用自己最真诚的方式携手走过了人生的风风雨雨，用各自的爱心构建了一个令人羡慕的最美家庭，因为有爱，所以幸福。

案例资料来源：汕尾妇联网，2019/3/8

彭志添的家庭是一个温馨和谐的大家庭，温馨和谐的大家庭是营造出来的，营造温馨和谐的大家庭首先对家是什么要有一个深刻的认识。彭志添一家人对家的认识很到位，"家是一份职责，家是彼此的真诚相待，家是温暖的港湾"，坚持百善孝为先的原则来要求自己，并由此来教育孩子。基于一家人对家的深刻认识，才会有意识地自觉地维护家庭的和谐。全家人之间互敬互爱，这个家里没有"男尊女卑"，只有平等和谐，家务全家一起做，有事全家一起理。这个家庭的经验归结为七条：一是互相尊重，坦诚相待；二是勤俭节约、发扬社会公德;三是全心投入,重视教育;四是邻里团结,以孝为先;五是夫妻恩爱,相互支持;六是热心公益,助人为乐;七是寄予希望、传承美德。最平凡的儿女,最简单的父母,最平凡的爱心,用自己最真诚的方式,共同构建了一个令人羡慕的最美家庭。

第三节 和谐家庭的特质

不幸的家庭各有各的不幸,幸福和谐的家庭则是相似的。通过对以上22个案例资料文本内容的分析发现,和谐家庭有着共同的特质:和谐家庭都是充满着爱的家庭,家庭成员之间能够真诚相待、相互理解、相互帮助、相互支持,在家庭生活中每个家庭成员都能扮演好自己的角色,履行好自己的义务,不争不抢、不攀不比、互谅互让、夫妻和睦、父慈子孝,彼此之间能够良好互动,相亲相爱,使家庭具有很强的凝聚力;和谐幸福的家庭都有良好的家风和良好的家庭美德,都注重对子女的家庭教育,特别是对子女的道德教育;妇女在家庭生活中发挥了独特作用,在树立良好家风和弘扬中华民族家庭美德中发挥了独特作用。

一、和谐家庭都是充满着爱的家庭

爱是一种发自内心的情感,爱是无私的奉献和给予,为对方无条件的付出而不求回报。和谐家庭都是充满着爱的家庭,夫妻之间相互恩爱,父母子女之间、婆媳翁婿之间相亲相爱,兄弟姐妹之间、妯娌之间互敬互爱,而且能够做到爱屋及乌。因为有真爱,所以彼此之间能够真诚相待,彼此之间能够站在对方的角度去考虑问题,能够相互理解、相互体谅、相互帮助、相互支持,家庭成员之间关系融洽和睦,甚至为了支持某一个家庭成员的发展而放弃或牺牲掉自己的利益。爱是对等的,你真爱家人,家人也会真爱你。在家庭中,夫妻是姻缘,真爱才能使夫妻之间的姻缘关系和谐。父母子女是血缘关系,父母对子女的真爱是无私的,父母对子女的溺爱以及父母对子女爱的不均等都会影响家庭关系的和谐。

案例一中,林荣花和刘占河在彼此丧偶后带着原配偶的父母重新组合成一个新的大家庭,这个新的大家庭关系复杂,由于林荣花和刘占河夫妻恩爱,并把爱毫不褪色地延及这个大家庭中的每一个成员,他们精心照料老人,为老人养老送终，一家人和和睦睦。案例二中，曹庆勇和郝红娟夫妻相互恩爱，夫妻之间彼此理解，才不会和远嫁外地的妹妹攀比，独自承担起赡养父亲的义务。如果妻子坚持要妹妹平等地履行法定赡养义务，这要求不过分，也合情合理合法，但是这会给远嫁外地的妹妹增加负担，也会让丈夫为难，会影响夫妻之间的关系，也会进一步影响到父子、兄妹、翁媳之间的关系，影响到家庭的和睦。老人也是一个善良慈祥的老人，逢人就夸："我儿子、媳妇、孙女对我好啊，好得很！"没有对子女的爱，就没有这样的言行，父慈子孝，子孝父慈。案例四中，田宝田一家四世同堂和和睦睦，他把他们家的经验总结为四点，其中"事事抢着干，不攀比，不图回报"这一点就是爱的最好体现，一家人就是不分彼此，不分你我。案例四中的张文广夫妻恩爱，相互体谅，妻子爱自己的丈夫，和丈夫共同承担起赡养婆婆的重担，婆媳之间互谅互爱。案例五中，梁淑华夫妻相爱，丈夫替妻子分忧，妻子替丈夫解难，丈夫像儿子一样尽心尽力地照顾岳父，他们还合力照顾患病的弟弟一家人。案例六中，杜桂雄和马云辉夫妻互敬、互助、互爱，妻子尽管也有自己的工作，但是作为军嫂，她承担起家务活，替代丈夫承担起赡养公婆的义务。案例七中，李静与丈夫杨正华孝字当头，爱字当先，夫妻俩一直把孝敬父母、关爱子女作为己任。案例八中，陈文利是一个平凡的女性，也是一个充满爱心的女性，夫妻恩爱有加，四世同堂，和睦相处。案例九中，陈春山与李世英夫妻二人互爱互敬，抢着做家务，抢着照看孩子。媳妇与公婆关系和睦，女婿与岳父母关系融洽，岳父母觉得女婿陈春山比自己的亲生儿子还亲。案例十中，侯红英与婆婆相处得非常融洽，侯红英只要有空，就与婆婆倾心交谈，并教育好孩子们要孝敬奶奶。案例十六中，张敦强夫妻对老人非常孝顺，张敦强是个好女婿，爱他的妻子，也爱着他的岳父，尽管身有残疾，但在岳父住院治疗期间，他和妻子共同照料岳父。案例十七中，刘联庆一家是一个真正和睦的大家庭，大家庭充满着爱，只有真爱，才能使彼此之间真心付出、真诚相待、换位思考、包容谦让。案例十八中，宋海丽以自己的真心和孝心赢得了婆婆的好感，婆婆常夸赞她的"孝"，说她比亲生女儿还要好、还要"贴心"。作为妻子只有真爱自己的丈夫，只有真爱这个家庭，才能真爱丈夫家庭中的每一个成员，同样，作为丈夫只有真爱自己的妻子，才能真爱妻子家庭中的每一个人。案例十九中，王玖华的家庭是一个特殊的家庭，王玖华出于对家中亲人的爱，把孝敬老人当做自己义不容辞的责任。案例二十中，吕秀珍是一个普通的家庭妇女，把一个多灾多难的大家庭营造成一个和谐大家庭，她照顾妯娌、照顾小叔子，抚养侄子和侄女，本没有法定义务，出于对大家庭的真爱，她毅然挑起了重担。案例二十一中，刘少鹏一家人用爱共同营造了一个和谐幸福的家庭，刘少鹏爱人为了支持丈夫的工作，照顾家庭，毅然放弃了提拔改行的机会。

对家庭的真爱，对家人的真爱，是和谐幸福家庭最重要的特质。

二、和谐家庭都是男女平等的家庭

二十二个和谐家庭的案例都有一个共同的特质，就是在家庭生活中都践行男女平等的原则，不存在性别歧视现象。男女平等不仅是我国的基本国策，也是家庭美德的重要内容之一。男女平等在家庭中表现为父母对儿子和女儿都平等对待，不存在生育的性别歧视和养育的性别歧视；夫妻共同履行赡养双方父母的义务，妻子既履行赡养自己父母的法定义务，也履行赡养公婆的义务，丈夫既要履行赡养自己父母的义务，也要履行赡养岳父母的义务。已婚女儿也要像儿子一样继承父母的遗产。家庭生活中的男女平等之所以是一种家庭美德，因为在履行赡养父母义务和继承父母遗产问题上存在着法律与社区情理逻辑不一致的现象，如法律规定成年子女都有赡养父母的义务，但是没有规定儿媳妇对公婆负有法定的赡养义务，也没有规定女婿对岳父母负有赡养的义务，社区情理则支持儿媳妇履行赡养公婆的道德义务，社区情理则没有对女婿提出明确的要求。法律体现的是男女平等的原则，而社区情理则体现的是对等而非平等的原则。所以在家庭生活中要弘扬中华民族家庭美德，在履行赡养义务的时候，夫妻要互助合作、相互支持、相互谅解，共同履行好赡养双方老人的义务。男女平等是家庭美德，但是不能把男女平等庸俗化为男女一样，甚至为了男女一样而相互攀比，相互争夺，引发家庭纠纷和家庭矛盾。

案例四中，张文广夫妻两个都是纺织行业的职工，他们有一个君子协定，夫妻两个共同承担家务劳动，谁先到家谁做饭，谁有空谁打扫房间。案例五中，梁淑华的丈夫把照顾岳父的责任全部扛了起来。案例六中，杜桂雄和马云辉夫妻在处理家庭事务上，夫妻平等对待。案例七中，丈夫杨正华像儿子一样照顾患病的岳母，双方只剩下了父亲之后，把双方的父亲请在一起照顾。他们夫妻恩爱，家务齐干，发挥特长。案例九中，陈春山与李世英夫妻两人抢着做家务，抢着照看孩子。案例十六中，张敦强在岳父住院治疗期间，和妻子共同照料岳父。案例十七中，这个家庭没有重男轻女，在那个困难的年代，母亲黄祖秀没有因为困难而让孩子们辍学。案例十八中，由于妻子忙，丈夫自觉地当起妻子的"贤内助"，更多地承担起培育儿子的责任，井井有条地处理好家中的大事小情。案例二十二中,彭志添的家里没有"男尊女卑",只有平等和谐,家务全家一起做,有事全家一起理。夫妻俩成为"出得厅堂、入得厨房、顾的家庭、干的事业"的和谐夫妻。

三、妇女在和谐家庭建设中发挥着独特作用

独特作用就是独有的、不可替代的作用,妇女在和谐家庭建设中的独特作用与男女平等并不矛盾,妇女的独特作用恰恰是男女平等在家庭生活中最具有生命力的体现。一个家庭主妇的素质对她的配偶、她的孩子、甚至她的邻居都会产生巨大的影响,在营造温馨和谐的幸福家庭中发挥了独特作用。妇女在家庭生活中的独特作用主要是在树立良好家风和弘扬中华民族家庭美德中的独特作用。

案例一中,林荣花能够接纳刘占河带着前妻的父母一起组成一个新的大家庭,并且和丈夫一起为老人养老送终。案例二中,郝红娟不和丈夫的妹妹计较,和丈夫一起赡养公公,家庭关系和谐融洽。案例五中,梁淑华和丈夫一起照顾患病的小叔子一家人,照顾关心侄女的生活,帮助大家庭渡过难关。案例六中,马云辉是名军嫂,有自己的工作,但是为了支持丈夫的工作,她放弃个人的业余爱好和休息时间,承担起全部的家务,她以自己的孝心和孝行感化了公婆。案例八中,陈文利看到妹妹家的实际困难,把患病的妹妹接到自己家,精心照料,感动了妹妹一家人。案例九中,妻子李世英尽管自己也有工作,但是为鼓励和支持丈夫努力工作,她几乎承担了家里全部的家务。案例十中,侯红英是村支书,但是她也是一个好儿媳妇,只要有空,就与婆婆倾心交谈,床前房后搞卫生,并教育好孩子们要孝敬奶奶,让她度过一个安稳的晚年。案例十二中,妻子金文庆为了支持丈夫的工作,承担起了全部的家务劳动。案例十七中,母亲黄祖秀非常有远见,在那个困难的年代,没有因为困难而让孩子们辍学。黄祖秀和儿媳妇之间能够做到媳妇心系婆婆,婆婆理解媳妇,婆媳关系和谐融洽。案例十八中,宋海丽与婆婆关系融洽,她以自己的真心和孝心赢得了婆婆的好感,婆婆常夸赞她的"孝",说她比亲生女儿还要好、还要"贴心"。案例十九中,王玖华作为家中的长女,撑起了一个困难而又特殊的家庭。案例二十中,吕秀珍在营造和谐大家庭中发挥了独特作用,她照顾瘫痪婆婆的孝行都感动了公公,婆婆带着对儿媳妇的感激之情离世,照顾妯娌,照顾患病的小叔子,承担起抚养侄子和侄女的重担,并帮助他们成家立业。案例二十一中,刘少鹏夫妻两个都有自己的工作和事业,为了支持丈夫的工作,照顾年迈的公公和幼小的孩子，妻子毅然放弃了提拔改行的机会。

四、和谐家庭都有良好的家风

家风又称门风，即一个家庭中的风气，是家庭或家族世代相传的风尚、生活作风。家风是家人的价值准则。良好的家风与家庭美德是相得益彰的，良好的家风都是彰显家庭美德的，家庭美德则通过良好的家风体现出来。良好的家风是在日常生活中逐渐形成的，家风是一个"场域"，潜移默化地影响着家庭成员，特别是影响孩子的思想观念和言行。有的家庭把良好家风凝固化为文字，成为家训，有的家风虽然没有凝固化为文字，但是在家庭成员的日常言行中体现出来。家庭是人生的第一所学校，父母是孩子的第一任老师，好的家风就是一个无形的教育资源，是一个家庭非常珍贵的无形资产。家风特别是领导干部的家风会影响党风、政风和社会风气。

这二十二个案例中的家庭都有良好的家风。家庭和谐幸福是因为有良好的家风，正因为有了良好的家风，家庭才和谐幸福。案例一中的林荣花与刘占河夫妻二人，把两个小家庭合成一个大家庭，他们夫妻和睦、尊老爱幼、勤俭持家。案例二中，曹庆勇和郝红娟夫妻恩爱，父慈子孝，兄妹关系和睦。案例三中，田宝田一家父母慈祥，子女孝顺，兄弟姐妹友爱，相互关心，相互支持。案例五中，梁淑华夫妻和睦，翁慈婿孝，梁淑华的丈夫像儿子一样照料岳父，把照顾岳父的责任全部扛了起来。兄弟友爱，把弟弟家的事情当做自己的事情。案例六中，杜桂雄和马云辉夫妻互敬、互助、互爱，婆媳关系和睦融洽，如母女关系般。案例七中，李静与丈夫杨正华夫妻互相谦让、互相尊重，尊重对方的人格、生活习惯和风俗人情。孝字当头，爱字当先，夫妻俩一直把孝敬父母、关爱子女作为己任。在日常生活中教给孩子如何尊敬老人，树立良好家风，弘扬中华民族家庭美德。案例八中，陈文利一家四世同堂，和睦相处，其乐融融。案例九中，陈春山与李世英夫妻在生活中以身作则，给儿子树立了良好的榜样，儿子也体谅父母的艰辛。案例十中，侯红英与丈夫李飞鹏结婚几十年来如一日，孝敬公婆，教育子女，夫妻和睦，相互支持，尊老爱幼。案例十二中，曹长江一家，事业上相互支持，生活上相互关心、相互尊敬、男女平等、夫妻和睦。对亲戚朋友以诚相待，对双方父母都孝敬有加，对兄妹的子女视如己出。夫妻俩重视对孩子的教育，他们以身作则，言传身教。案例十三中，王晓超和李晓莉夫妻之间互敬互爱、忠实信任、谦和谅让、互帮互助、和睦相处。案例十四中，林宜平夫妻和睦，在家庭教育中，坚持以美德治家，在生活中相互照顾、相互信任；在工作中相互理解、相互支持。案例十五中，张建忠一家两代都从事教育工作，他们重视家庭文化建设，树立良好家风，弘扬中华民族传统家庭美德，形成了自己的家训。案例十六中，张敦强身残志坚、自强自立、爱岗敬业、事业有成，夫妻恩爱，孝敬老人。案例十七中，刘联庆一家真心付出、真诚相待、换位思考、包容谦让。案例十八中，宋海丽夫妻互敬互爱，夫妻俩既忙工作，也尽心尽力孝敬父母。案例二十中，吕秀珍是一个普通的妇女，她照顾瘫痪婆婆的孝行都感动了公公，婆婆带着对儿媳妇的感激之情离世。案例二十二中，彭志添夫妻俩遇到事情一起商量，遇到困难一起解决，生活上共同照顾双方老人，教育小孩，事业上互扶互持，二人互相理解、尊重、关心、支持。

五、和谐家庭都重视对子女的教育

家庭教育是在家庭生活中，家长有意识地通过自己的言传身教和家庭生活实践，对子女施以一定教育影响的社会活动，包括家庭成员（包括父母和子女等）之间相互的影响和教育。家庭教育以亲子关系为中心，以健全个人身心发展、营造幸福和谐家庭、培养社会需要的人为目标，是人的社会化的重要过程和重要阶段。家庭教育有直接与间接之分，直接的家庭教育指的是在家庭生活中，父母与子女之间根据一定的社会要求实施的互动教育和训练；间接的家庭教育指的是家庭环境、家庭气氛、父母言行对子女成长产生的潜移默化的熏陶。家庭教育包括亲职教育（增进父母职能）、子女教育（增进子女本分）、两性教育（增进性别知能）、婚姻教育（增进夫妻关系）、伦理教育（增进家族成员相互尊重及关怀之教育活动）、家庭资源与管理教育（增进家庭各类资源运用及管理的教育）等。家庭教育是学校教育与社会教育的基础，家庭教育是人生整个教育的基础和起点。

家庭教育曾经是中国文化的优势资源，孝文化、君子文化都是中国式家庭教育的正面结果。在转型期的当代中国，成年人的价值观发生巨变，家庭教育的支柱正在崩塌，以道德为核心的价值观遭到破坏，重智轻德成为家庭教育的普遍趋向，造成的严重问题亟待引起重视。习近平在 2015 年春节团拜会上的讲话中指出："家庭是社会的基本细胞，是人生的第一所学校。不论时代发生多大变化，不论生活格局发生多大变化，我们都要重视家庭建设，注重家庭、注重家教、注重家风，紧密结合培育和弘扬社会主义核心价值观，发扬光大中华民族传统家庭美德，促进家庭和睦，促进亲人相亲相爱，促进下一代健康成长，促进老年人老有所养，使千千万万个家庭成为国家发展、民族进步、社会和谐的重要基点。"

案例五中，梁淑华把家庭教育的经验归结为四点：一是在家尊老爱幼，互敬互让；在外与人为善，待人以诚，让孩子渐渐学会宽容，善待他人，养成良好的道德品质；二是对孩子既要严要求，又要交朋友。培养他的上进心，锻炼他思考问题和独立生活的能力，同时又要走进他的内心，多和孩子交流，关注他的身心健康；三是生活上不溺爱，给孩子养成节俭和独立的品格；四是引导他做人要坦诚，做事要严谨，要有远大理想，做社会有用之人。案例六中，杜桂雄和马云辉夫妻二人始终把对孩子的教育放在第一位，为了培养子女成才，他们重视对子女世界观、人生观、价值观的思想教育，教育他们学会做人、学会做事，做对社会有所作为、有所贡献的人。案例十一中，白雍真夫妻注重培养儿子的独立生活能力，他们的儿子在这个和谐气氛十分浓厚的家庭熏陶下，从小就非常懂礼貌，尊重长辈，遵纪守法，在学校是好学生，在家里是好儿子、好孙子。案例十二中，曹长江夫妻"把孩子培养好，也是对国家、对社会一种贡献，因此，夫妻俩不管多忙，也抽时间教育孩子。不娇纵、溺爱孩子，既教孩子学知识，又教他学做人，要创造一个温馨、和谐、宁静的家庭育人环境，让孩子能健康地成长。为了让孩子从小孝敬老人、尊敬长辈，对人有礼，学会感恩，他们夫妻俩首先以身作则，言传身教，潜移默化地感染他；在日常生活中给机会他孝敬长辈，发现他对人有不敬的及时教育、引导，使他学会辨明是非，改正缺点。"案例十六中，张敦强夫妻尊重儿子的爱好，给他一定的自主权利，经常和儿子谈谈心，教育儿子怎样做人，怎样做事，怎样才能成为社会有用之才。案例十八中，宋海丽夫妇俩的言传身教对儿子影响很大，儿子从小就懂事、自立，成绩名列前茅，对人有礼貌，帮着家人照顾爷爷。案例二十一中，刘少鹏夫妻教孩子自立自强、自尊自爱，充分尊重孩子的兴趣爱好，发掘孩子的潜在能力和优势，让孩子去尝试和经历。

六、和谐家庭都是邻里团结

自古以来，中国人就很重视邻里之间的关系，"子曰：'里仁为美。择不处仁，焉得知？'"① 孔子说，住的地方要有仁德才好。选择住处，没有仁德，怎么能是聪明呢？孟母三迁的故事说的也是孟母很重视居住的环境。和谐

---

① 杨伯峻译注：《论语》，中华书局2006年版，第37页。

家庭与邻里团结之间也是相得益彰的，从社会学的角度说，家庭是邻里的组成部分，邻里之间良好风气的形成需要每个家庭的努力，邻里之间的风气也会对家庭产生一定影响。

这二十二个案例中的家庭的一个共同特质是热心公益、助人为乐、团结邻里。案例二中，曹庆勇是社会公认的"爱心大使"，曾荣获"全国敬老爱老之星"荣誉称号。案例三中，田宝田一家一直默默地支持帮助社区做一些力所能及的工作。案例四中，张文广一家人非常注意团结友爱，和睦邻里关系。积极帮助有困难的家庭，积极参加社区的公益性工作，平时维护小区居民的利益和安全。案例五中，梁淑华一家人一直积极营造和睦互助的邻里关系，见人总是主动打招呼，无论谁家有事情，都热心帮忙。经常打扫公共卫生，比如楼道卫生、储藏室门前卫生、下雪后早起扫路等。平时不管是爱心捐赠还是同事邻里有困难，总是跑到前面。案例六中，马云辉为邻里、亲朋好友打针送药，早已成为她分内之事，与周围邻里之间相处得和和睦睦，就像一家人似的。案例十六中，张敦强是个残疾人，但他们一家人积极参与社会公益活动，以力所能及的方式服务于社会。张敦强先后担任过小区代表大会召集人、小区业主委员会委员、居民代表、楼门长等。案例二十中，吕秀珍夫妻两人关心社区工作，主动帮助社区清扫道路，为社区失业人员介绍工作。案例二十二中，彭志添一家人团结邻里，谁家需要帮忙去谁家，不管红白喜事、日常琐事，只要周边邻居家有事，一定会过去多问几句，能帮的一定帮，能做的一定做，毫不吝啬她的热情与爱心。

第四章　和谐家庭建设的路径

家庭和谐与国家发展、社会和谐之间相存相依。国际社会十分重视和支持家庭建设，在《世界人权宣言》、《经济、社会、文化权利国际公约》等联合国重要文件中，都明确承诺给予家庭最大可能的保护与协助。我国党和政府历来高度重视家庭建设，一直将和谐家庭建设作为治国理政、促进社会和谐和社会稳定的重要工作，并从法律政策、战略导向、工作机制和社会环境等方面给予和谐家庭建设以有力的支持。从社会学角度而言，家庭主要是依靠姻缘和血缘关系维系的初级社会群体，是人类最基本的生活共同体，和谐家庭建设需要家庭成员的共同努力。《诗·小雅·常棣》曰："妻子好合，如鼓瑟琴。兄弟既翕，和乐且耽。宜尔室家，乐而妻帑。"子曰："父母其顺矣乎！"与妻子和和睦睦，就像弹琴鼓瑟一样。兄弟关系融洽，和顺又快乐。使你的家庭美满，使你的妻儿幸福。孔子赞叹说，这样父母也就称心如意了吧。

第一节　坚持男女平等

男女平等是我国的一项基本国策，也是家庭生活幸福和谐的基础和前提，存在着男女不平等现象的家庭一定是不健康、不和谐的家庭。在家庭生活中，男女不平等有诸多的表现，如生育的男孩偏好、家庭资源分配向男孩倾斜、夫妻不能平等地承担家庭责任等都是男女不平等的表现。在家庭生活中坚持男女平等，就是要准确理解男女平等的基本内涵，防止把男女平等庸俗化。由于不能准确理解男女平等的内涵，往往根据感觉把男女平等理解为男女一样，男女同等，这种庸俗化的男女平等观念会消弭家庭美德所产生和释放的正能量，不利于家庭团结和家庭和谐。

一、男女平等的内涵

正确理解男女平等的科学内涵是贯彻落实男女平等基本国策的前提和基础。1975年6月19日—7月2日在墨西哥首都墨西哥城召开了第一次世界妇女大会,大会发表了《墨西哥宣言》,《宣言》对于男女平等做了权威的界定:"男女平等,是指男女的人格尊严和价值的平等及男女权利、机会和责任的平等。"

2013年10月31日,习近平总书记《在同全国妇联新一届领导班子集体谈话时的讲话》中指出"要坚定不移走中国特色社会主义妇女发展道路,这是实现妇女平等依法行使民主权利、平等参与经济社会发展、平等享有改革发展成果的正确道路"。

2019年国务院新闻办公室发布的《平等发展共享:新中国70年妇女事业的发展与进步》中具体阐述了男女平等基本国策的核心要义:"男女平等基本国策是促进妇女与经济社会同步发展、男女两性平等发展、妇女自身全面发展的一项带有长远性和根本性的总政策,其核心要义是重视和发挥妇女在经济社会发展中的主体地位和作用,推动妇女与经济社会同步发展;在承认男女现实差异的前提下倡导男女两性权利、机会和结果的平等,依法保障妇女合法权益;从法律、政策和社会实践各方面消除对妇女一切形式歧视,构建以男女平等为核心的先进性别文化;将性别平等意识纳入决策主流,切实在出台法律、制定政策、编制规划、部署工作时充分考虑两性的现实差异和妇女的特殊利益。"

从功能主义的角度来看,在家庭生活中,每个家庭成员都扮演不同的角色,发挥不同的功能,不可能都一样,家庭生活中的男女平等是指在家庭生活中无论男女在人格尊严、价值、权利、义务、责任和机会等方面的平等,不存在生育的性别偏好,也不存在养育的性别偏好,男女平等履行赡养义务,平等享有继承权等。

二、消除生育的性别歧视是实现男女平等的逻辑起点

生育的性别歧视是男女不平等的逻辑起点,生育的性别歧视在现实生活中表现为生育的性别偏好,生育的性别偏好集中表现为生育的男孩偏好。消除生育的性别歧视,消除生育的男孩偏好,是实现男女平等的逻辑起点。生育的男孩偏好不但影响了家庭的和谐,而且也对社会的和谐稳定产生了很大的负面影

响。因为生育的性别歧视会导致出生性别比严重失衡,出生性别比严重失衡会造成男女比例失调,最直接的后果是男女婚配出现严重的问题,出现了越来越多的婚龄单身者,尤其是以农村男性单身者居多,这已经成为一个引起广泛关注的社会问题。婚姻是家庭的基础,男大当婚,女大当嫁。如果男大不能婚,女大不能嫁,对于家庭来说,这是一个很严重的问题。

1. 出生性别比失衡造成严重的男女比例失调

出生性别比失衡与生育的男孩偏好有着直接的关系。在实行计划生育政策之前,生育的男孩偏好可以通过多生育来实现,自 20 世纪 70 年代开始实施计划生育政策后,生育的男孩偏好与有限的生育空间产生了矛盾,在有限的生育空间中,男孩偏好因受到限制而被激发出来。官方统计数据,中华人民共和国成立后几十年的出生性别比一直在正常水平之内,1953 年出生性别比为 104.90,1964 年为 104.25,1968 年为 108.93,1970 年为 106.42,1975 年为 106.54,1980 年为 107.11。自 20 世纪 80 年代初以来,我国的出生性别比逐渐上升,1982 年我国第三次人口普查数据显示,出生人口性别比为 108.47,已略高于正常水平[①];1990 年第四次人口普查数据表明,出生性别比为 111.87;2000 年第五次人口普查数据显示,我国出生性别比高达 116.9;2010 年第六次人口普查出生性别比为 118.06。1990 年以后,婴儿出生性别比长期高达 117 以上,且没有任何下降的迹象。

出生性别比也存在着明显的城乡差异。历次人口普查数据显示,出生性别比偏高的影响主要在乡村,但是,城市人口的出生性别比也有持续升高的迹象。1982 年第三次人口普查数据显示,城市出生性别比为 107.17,城镇为 109.9,乡村为 107.6。1990 年第四次人口普查数据显示,城市出生性别比为 108.9,城镇为 112.1,乡村为 111.7。2000 年第五次人口普查数据显示,城市出生性别比为 112.8,城镇为 116.5,乡村为 118.1。2005 年 1% 人口抽样调查资料显示,城市出生性别比为 115.16,城镇为 119.86,乡村为 122.85。可见,出生性别比在城乡均有不同程度的升高,总体上农村出生性别比高于城市。实际上,很多农村地区的出生人口性别比能达到 150∶100,造成严重的男女比例失调。

2. "从夫居"的婚居模式是形成生育男孩偏好的主要原因

中国历史上一直存在着"嫁娶式"婚姻和"招赘式"婚姻两种婚姻制度,

---

① 国际社会公认的出生人口性别比正常值范围是 103~107。

与之相应,也存在着"从夫居"和"从妻居"两种婚居模式。婚居模式存在着城乡之别,城市里的婚居模式可以分为"从夫居"、"从妻居"和"新户居"三种类型,而传统乡村社会中的婚居模式则分为"从夫居"和"从妻居"两种类型。尽管 20 世纪 50 年代以后,传统的父系家族制度和婚姻风俗发生了一些变化,但"从夫居"的嫁娶婚在当前的中国农村仍占绝对主导地位。婚居模式与性别偏好存在着一种双向互构的关系,某种类型的婚居模式会强化某种性别偏好,而某种性别偏好又会反过来强化着某种类型的婚居模式。

中国自古以来就是一个以农耕文明为主的社会,与海洋文明、游牧文明为主的社会相比,农耕文明的社会更强调土地等生产资料对于生存的重要性,更强调固定居所对于生活的意义,而土地的占有和使用是与一定的身份相联系的,所以,与这种文明形态相对应的婚居模式或者是"从夫居"或者是"从妻居",很难有第三种婚居模式产生。由于在中国历史上建立在农耕文明基础上的以男系为传承轴心的宗法制的确立,婚居模式必然也是以"从夫居"为主,虽然,后来社会几经变革,但是,在农业依然是国民经济的基础,农村村落依然是农民主要居所的时代,"从夫居"必定依然是主要的婚居模式。处于农耕文明中的人们在长期的农业耕作中,由于观察到农作物没有根是不能生长的,觉得根与土地、生长、收获以及人类的生存有着内在联系,因此,逐渐形成一种"根"的观念与文化,土地是"根",家是"根",这种文化已经成为他们"日常生活"的一部分,并用这种"根"的观念与文化看待一切事物,而且这种"根"的观念与文化采用一种不自觉的隐喻方式渗透在男女的婚配与生育文化中,形成男性是"根"的观念,这一观念在农耕文明中是不容置疑的。"从夫居"这种婚居模式就是产生于农耕文明的"根"文化的外在体现。

自 20 世纪 80 年代以来,由于中国农村生产队体制的解体和家庭联产承包责任制的实行,农民有更多的时间和机会去城市打工,但是由于城乡二元结构的存在,进城务工的农民虽然"业"在城市,但"根"依然在农村,传统的婚居模式没有因此而改变。虽然城市也存在着"从夫居"这种婚居模式,但"从夫居"是农耕文明的"专利",城市的"从夫居"从内容到形式都不同于农村的"从夫居",最本质的区别在于,城市里的"从夫居"与居民对土地的占有和使用没有直接的联系。

农耕文明是"从夫居"所赖以形成的经济基础,而"从夫居"是男孩偏好形成的社会基础。"从夫居"的婚居模式在农村一般分为两种情况,一种情况是结婚后和男方的父母同吃同住，不分家；一种情况是先同吃同住一段时间，然后分家自己独立过日子。男方准备好结婚的条件，至少要有结婚时小夫妻独立居住的房间才能结婚。结婚后女方的户口迁到男方村里，成为男方家庭成员和所在村子的成员，凭此身份可以分得承包地和宅基地，获得赖以生存的生产资料。按照中国农村的传统，娶进门来的媳妇死后可以上家谱，有资格埋葬在夫家的祖坟，生了孩子不管是男还是女，尽管法律规定可以随父姓也可以随母姓，但按照习俗都随父姓，孩子的名字要体现出辈分的差别，名字中要含有体现辈分的字，这个要求对女孩子不是很严格，对男孩子则相对比较严格。这样，结婚后媳妇就把个人的生命历程在时间上与空间上完全融进夫家。结婚后，若第一胎生了个男孩，等孩子长大之后则会沿袭父辈的生活历程与生活格局，盖房、结婚、生子，这样的历程降低了家庭的社会生活成本和心理成本。

　　对于没有男孩子的家庭来说，如果只有一个女孩子，会选择招婿，如果女孩子多的话，会选择一个留在家里招婿，把其他的女孩子嫁出去。招进来的女婿就是"儿子"，要改名换姓，按照辈分重新起个名字，死后可以上家谱，进祖坟，完全成了妻子家庭中的一员，而招婿后的女孩子则成了媳妇的角色。招婿婚的意义在于，通过这种方式解决了"根"的问题。此外，还可以通过收养或过继男孩子等方式解决"根"的问题。

　　女孩出嫁后，户口迁出，女孩在娘家获得承包地和宅基地的资格被取消，死后不能上娘家的家谱，也不能埋入娘家的祖坟，不能在娘家过年。也就是说，女孩不再是娘家村里的成员，也不是娘家家庭的成员了。

　　女儿成为媳妇，在婆家和娘家的身份和角色发生了很大的变化，媳妇成为婆家的主人——由一个没有血缘关系的陌生人变为自家人，嫁出去的女儿同时也成为娘家的客人——由一个有着血缘关系的自家人变成了"外人"。对于家传的秘方或技术，农村至今有着传媳妇不传姑娘的说法，因为媳妇是自家人，姑娘是潜在的"外人"。

　　从法律权利的实现这个角度来说，"从夫居"更有利于男孩权利的实现，不能体现出男女平等的原则。继承法规定，对于父母的遗产儿子和女儿都有同等的继承权。但是，"从夫居"的婚居模式决定了出嫁的女儿不能实现自己的合法继承权。比如，父母的房产，房产这种不动产是和宅基地使用权联系在一起的，由于农村宅基地的使用权是和一定的身份相联系的，女儿出嫁后不可能继承父母遗留的房产，就是继承了也不可能使用。但是，除了一些研究者觉得这是有问题的之外，没有当事人自己置疑这样事情的不正当性。

"从夫居"已经成为生活在农耕文明社会成员"日常生活"的一部分，生个男孩是理所当然的不容置疑的，而如果生了个女儿则"日常生活"的秩序被打乱，通过努力生出男孩或者通过招婿等方式增加一个属于这个家庭的男性成员，来试图维持他们所习以为常的"日常生活"，这就是他们的"惯习"。

"从夫居"是男孩偏好形成的社会基础，"从夫居"也为男孩偏好实现为具体的男孩偏好性生育行为提供了条件。"从夫居"赖以存在的经济基础是农耕文明，农耕文明的社会是聚族而居的，形成以血缘关系为基础的村落。在"王权止于县"的传统社会，乡村是靠家族势力来进行治理的，国家的法律是通过家族势力在基层社会发挥作用的。中华人民共和国成立后，农村社会的家族势力被逐步消解，党支部和村委会成为乡村社会治理的主要力量，国家的政策是通过党支部和村委会来具体实施的。而党支部和村委会不同于乡镇等基层政府，他们是在有着血缘关系和地缘关系的熟人社会中执行国家的方针政策的，政策的执行者和执行对象都兼具双重身份，他们既是不能讲情面的、理性的管理者与被管理者的关系，又是必须讲情面的亲戚关系或乡亲关系。国家政策就是在这种情景中被执行的，计划生育政策也不例外。为了有效控制人口的增长，计划生育政策显然更是在上级政府的督促下通过兼具双重角色的村级组织和村干部来执行的，这就为偏好性生育行为提供了一个可以博弈的空间，之所以有可以进行博弈的空间是基于大家对"根"文化的认同。所以，男孩偏好性生育行为者可以通过与村级组织的博弈来实现自己的生育行为。

另外，家庭联产承包责任制后的农业耕作方式也为偏好性生育行为的实现提供了时间和空间。实行家庭联产承包责任制后，农民有更多的可以自己自由支配的时间，也有更多的可以自己自由选择的生活空间，成为计划生育政策实施的盲点，实现自己的偏好性生育行为。再者，农村养育孩子所需相对较低的生活成本和教育成本以及对孩子成长期望空间的广阔度也是男孩偏好实现为男孩偏好性生育行为的重要条件。

男孩偏好通过一定的外在条件实现为偏好性生育行为，最终生出男孩或生出很多女孩后还没有生出男孩而放弃生男孩的努力。第一胎生出男孩的家庭在一般情况下不会让孩子做上门女婿，而通过超生等方式生出男孩的家庭更不会让经过努力和承担了很多风险后生出的男孩做上门女婿，如果那样的话，对于这个家庭来说为了生男孩而做出的一切努力都是没有意义的了。所以，男孩偏好又成为"从夫居"这种婚居模式得以延续的内在动力。

"从妻居"和"从夫居"都是农耕文明的产物。自古至今，在农村"从夫居"是主要的婚居模式,"从妻居"是"从夫居"的一种形变,是一种次要的婚居模式。有研究者认为通过倡导招赘婚(从妻居)可以改变男孩偏好。其实,"从妻居"比"从夫居"的当事人具有更强烈的男孩偏好。首先,为什么要招婿?因为家里没有男孩只有女孩,所以要招一个上门女婿。很显然,这说明父母具有男孩偏好。其次,对招婿婚姻的期盼是什么?肯定是期盼着生个男孩,这种生男孩的偏好承载着至少两代人的愿望。所以,在不改变产生于农耕文明的"根"文化的基础上倡导"从妻居"不会改变男孩偏好。①

3. 农村城镇化消解了生育的男孩偏好

农村城镇化可以改变歧视性性别偏好,推动先进性别文化的建设。因为农村城镇化改变了农民与土地的关系,"从夫居"不再具有必然性,新的婚居模式的形成以及传统"根"文化观念的消解推动着以男女平等为核心的先进性别文化的建设和发展。20世纪80年代实行的家庭联产承包责任制调动了农民的生产积极性,极大地解放了农业生产力。但是,随着农业生产力的发展,以家庭为基本生产单位的个体经营已经成为制约农业经济发展的一个重要因素,实行土地的规模经营成为必然趋势。土地的规模经营是推进农村城镇化的一个契机和动力,因为土地的规模经营必然会造成村落形态的改变,为了有效节省土地,有两个可以同时实施的措施,一是合村并居,一是居民的居住空间由平面化向立体化发展。同时,散落在农田各处的各家各户的祖坟被规整。这样,聚族而居的居住形态得到消解,新的具有城镇因素的居住形态得以形成,血缘关系削弱,业缘关系增强。

土地的规模经营可以带动其他产业的发展,进一步优化农村产业结构,同时土地的规模经营也可以解放更多的农业劳动力从事其他的产业,把农民从对土地的直接依附中分离出来,改变农民"根"的观念,土地不再是唯一的"根","业"才是根。产业结构和收入结构的变化消解了传统农业社会所形成的"根"的观念和文化,形成了适应现代社会发展的"根"的观念和文化,同时也消解了传统农业社会所形成的"根"的观念和文化对婚姻与生育文化的隐喻式的影响,男孩是"根"的观念弱化甚至被消解,不论男孩还是女孩都是"根",形成无性别歧视性偏好的生育文化。相应地,婚居模式也发生了变化。在城镇化的社会中,土地作为生产资料和宅基地作为生活资料对于婚姻

---

① 于光君:《农村婚居模式与性别偏好》,载《湘潭大学学报(哲学社会科学版)》2014年第4期。

当事人双方来说意义已经不大，他们的"根"和"业"已经不紧密地依附于土地。他们不再以必须是某一村集体成员的身份获取村里的承包地和宅基地，他们可以以"社会人"的身份，凭借自己的能力或在父母的帮助下，在新的社区获取自己的居住空间，这个新的居住空间既不带有婆家的烙印，也不带有娘家的烙印，是属于他们自己的空间。这种新的婚居模式既不是"从夫居"，也不是"从妻居"，而是一种由农村城镇化催生的新的婚居模式——"新户居"。"新户居"中的夫妇双方与婆家、娘家（岳父母家）的空间距离和心理距离是相同的，不再像"从夫居"或"从妻居"那样存在着空间距离和心理距离的差异。在"新户居"这个新的空间里男女平等已经具有了实际的意义，他们的生活历程以及对男女平等的理解与体验会消解潜意识中存在的男孩偏好，因为"男孩女孩都一样"不再是空洞的劝人的说辞。同样，在城镇化的社会中，即使有男孩偏好，但是这种偏好实现为偏好性生育行为的可能性条件已经不存在。养育孩子的生活成本和教育成本的增加，对孩子成长期望空间的提升以及对孩子未来就业质量的关注，使家长更关注孩子的成长质量而不是孩子的性别问题。这样，传统的"从夫居"与男孩偏好之间的互构关系被消解，新型的"新户居"与无歧视性性别偏好之间的互构关系得以形成，形成"日常生活"中新的"场域"和"惯习"。

在农村城镇化过程中形成的"新户居"婚居模式有利于先进性别文化的培养，先进性别文化的核心是男女平等，男女平等不但是我国的基本国策也是家庭美德的内容之一。"新户居"的婚居模式有利于男女双方平等地实现自己的法律权利，比如在传统的"从夫居"婚居模式中，嫁出去的女孩很难实现父母不动产的继承权，因为父母的不动产是和基于一定身份所产生的宅基地的使用权联系在一起的，而在农村城镇化背景下的父母的不动产只是父母自己经济利益的一部分，而且女孩和男孩在对父母不动产的继承方面，男孩地缘上的优势消失了。农村城镇化所形成的具有现代性要素的新的居住空间，以及土地与居民的剥离，改变了传统"根"文化的内涵，"从夫居"与男孩偏好之间的互构关系被消解，"新户居"与性别平等观念之间的互构关系得以建立，促进以男女平等为核心的先进性别文化的发展。①

---

① 于光君：《农村城镇化改变传统"根"文化》，载《中国人口报》2015 年 3 月 9 日，第 3 版。

三、农村家庭养老中依然存在着男女不平等问题

在中国的农村地区，居家养老依然是主要的养老方式，配偶、子女是失能家庭成员主要的生活照护者。对于农村来说，年龄不是养老的刚性标准，只有因病或因年龄大而失去生活自理能力的时候，老年人才开始进入实质性的养老阶段，原生家庭的养老资源才被动员利用起来。在实际生活中践行的是"责任伦理"原则，当配偶健在并且还能对失去生活自理能力的一方进行必要的生活照护的时候，一般不会烦扰子女们参与生活照护，当老年人自己无力提供生活照护的时候，子女们才会为失去生活自理能力的父母提供生活照护。由于"从夫居"依然是中国农村主要的婚居模式，已婚女儿的婚姻家庭一般不与自己的原生家庭在同一个村子，已婚儿子的婚姻家庭一般都是和自己的原生家庭在同一个村子，已婚儿子和已婚女儿为失去生活自理能力的父母提供生活照护的便利条件不同。"养儿防老"的农村社区情理①与中国农村"从夫居"的婚居模式形成一种互相建构的关系。儿子是父母养老的责任主体，已婚女儿是父母养老的参与者，不是父母养老的责任主体，尽管不合法但是却符合社区情理，因为按照法律的规定，已婚女儿和儿子都是父母养老的责任主体。法律和社区情理在农村生活实践中并存，为已婚女儿和儿子都提供了已婚女儿是或不是父母养老责任主体的正当性根据。尽管改革开放后，中国农村经济发展水平提高、农民生活条件改善、交通通信更加便利，已婚女儿参与养老的力度增加，但是，中国农村依然认同"养儿防老"的社区情理。在对失能父母的生活照料中性别不平等的现象依然存在。

首先，已婚儿子是以自己的婚姻家庭为单位履行赡养父母的义务，儿子以自己的名义承担的赡养义务，实际上是和妻子共同履行赡养义务或主要由妻子代替自己履行赡养义务。改革开放后，中国出现了农村劳动力向城镇务工性流动的现象，在向外流动的农村劳动力人口中以男性劳动力和未婚女性劳动力为

---

① 社区情理是"在一个相对封闭及文化相对落后的社区中，存在着由地区亚文化决定的某些为在该社区中生活的多数人所认可的行为规范及与此相适应的观念，这些规范和观念可能有悖于一定社会的制度和规范，或者与一定社会的制度和规范存在着某种不适应。但因为社区的封闭性且居民文化层次较低，所以这样的社区行为规范和观念仍得以存在并发生作用。而在社区中生活的人在选择自己行为时，则首先考虑自己的行为能否为社区中的他人所接受并把它看做是自己行为选择的主要标准。换言之，只要他们的行为能够得到在同一社区中生活的多数人的赞成，他们就认为可行。"

多，留守老人、留守儿童和留守妇女成为中国农村主要的常住人口，已婚女性作为家庭主妇承担起照料家庭和替代丈夫履行赡养义务的重任。从家庭利益最大化的角度考量，丈夫作为男性劳动力外出务工的收入一般会高于女性劳动力，在不能全家都外出务工的情况下，丈夫外出务工比妻子外出务工更能增进家庭的经济利益，妻子则承担起赡养丈夫父母的义务。即使丈夫没有外出务工，也会在家附近或离家不远的地方做工以增加家庭的收入，由妻子承担起照料家庭的责任。尽管法律中没有规定儿媳妇对公婆承担赡养义务，但是，农村的社区情理支持妻子作为儿媳妇履行赡养公婆的义务，在农村的社区情理中，儿媳妇是没有血缘关系的"自己人"。丈夫作为儿子履行赡养自己父母的义务同时获得法律和社区情理的支持，没有处于两种具有不同逻辑规则的张力中的窘迫，在履行赡养义务中，不用去平衡自己原生家庭与岳父母家庭之间的关系，只要和妻子合力履行好赡养自己父母的义务就可以了。

其次，已婚女儿是以自己个人的身份和名义履行赡养自己父母的义务，而不是以自己原生家庭为单位履行赡养父母的义务，丈夫不会像妻子那样以女婿的身份与妻子共同承担履行赡养岳父母的义务，或替代妻子履行赡养岳父母的义务。一方面，由于丈夫的务工收入是家庭非农收入的主要来源，丈夫不可能有更多的时间去照料失能岳父母的生活；另一方面，农村的社区情理既不支持也不反对丈夫以女婿的身份照料岳父母，因为在农村的社区情理中，丈夫作为女婿不是妻子原生家庭中的养老资源。在中国的法律中，没有规定女婿对岳父母负有赡养义务，在农村的社区情理中，女婿不是"自己人"，而是"外人"，女婿到岳父母家是"客人"。另一方面，女儿由于结婚出嫁，已经从原生家庭的"自己人"变成了"外人"，已经没有为父母养老送终的"义务"了，但是，法律规定儿子和已婚女儿都同样的对父母负有赡养义务，女儿不应因出嫁这件事而剪除对父母应尽的赡养义务。已婚女儿履行或不履行赡养义务都有"正当性的依据"，或是法律或是社区情理。如果已婚女儿为了减轻自己的赡养义务，强调女儿就是女儿，儿子就是儿子，已婚女儿不能像儿子那样履行赡养义务，农村的社区情理为自己的主张和行为提供了正当性依据，尽管法律没有提供正当性依据。如果儿子为了减轻自己的赡养义务，要求已婚女儿像儿子一样履行赡养义务，也同样有着法律的正当性依据，尽管社区情理不太支持儿子的这种不合理要求。在逻辑上这也很可能成为农村引发赡养纠纷的一个节点，事实上农村很多赡养纠纷也确实是由此引起，"公说公有理，婆说婆有理"，都不缺乏正当性依据。在履行对自己父母的赡养义务方面，已婚女儿处在法律与社区情理的逻辑悖论之中。法律与社区情理的逻辑是不同的，法律强调性别平等，不强调在履行赡养义务中的性别差异，不考虑由于婚居模式所造成的已婚女儿和儿子履行赡养义务中困难程度的差异，以及已婚女儿继承权实现的困难。农村社区情理强调履行赡养义务的性别差异，而农村的婚居模式与这种社区情理是高度契合的，社区情理的逻辑与农民实际的生活状况和生活逻辑是一致的。已婚女儿以女儿和儿媳妇这双重身份，同时承担赡养自己父母和公婆的义务，处在事实上的张力之中，不可能像娘家的弟兄们一样履行赡养自己父母的义务，另外，为了避免村庄和邻里舆论的不利影响，还要尽量平衡好赡养父母与赡养公婆的关系，不但要与丈夫合力或独自替代丈夫履行好赡养公婆的义务，还要履行好赡养自己父母的义务，处理好与娘家兄弟们的关系。

再次，由于农民法律意识的增强，农村妇女在家庭中实际地位的上升和权力的增加，已婚儿女越来越认同自己赡养自己父母的法律义务，越来越理性地对待社区情理所支持的赡养公婆的义务，替代丈夫履行赡养公婆义务的"替代感"越来越强，而且作为儿媳妇与公婆之间的关系状况也是影响赡养义务履行质量的一个重要因素。尽管已婚女儿面对双方家庭扮演双重角色，处于事实上与逻辑规则上的两种张力中，但是不会受到来自丈夫和自己父母的"夹板气"。而丈夫则经常受到来自妻子和父母的"夹板气"，妻子和父母都会把自己对对方的不满"归罪"到作为丈夫的儿子和作为儿子的丈夫身上。儿媳妇和公婆存在着代际的认知差异，公婆更认同社区情理，儿媳妇更认同法律文化，由于认知的差异会导致行为上的或明显或不明显的冲突，丈夫与儿子的双重角色要承担父母与妻子双方或明或暗的冲突的负面结果。

综上所述，对农村失能老年人的照护中存在着性别不平等的问题，直接原因在于"从夫居"使得法律与农村社区情理始终处于不断博弈与融合的状态之中，根本原因在于城乡二元结构所造成的城乡发展不平衡。由于从夫居（招婿婚是一种变相的从夫居）依然是中国农村主要的婚居模式，与"从夫居"这种婚居模式相适应的农村社区情理，在赡养父母方面，考量了性别的差异，给儿子和女儿各自设定了不同的权利和义务。儿子和女儿结婚后，儿子的婚姻家庭和女儿的婚姻家庭与父母的原生家庭在空间距离和社会距离上是不同的，在实际履行赡养义务和行使继承权利上，如果儿子和已婚女儿一样的话，已婚女儿确实存在着许多不利因素，尤其是在照料生活失能的父母方面。夫妻之间在对各自的父母或配偶的父母履行赡养义务的时候，确实存在着不对等的情况，社区情理对夫妻双方各自的要求与支持也是不对等的。

随着社会的发展，农村家庭养老中存在的性别不平等问题逐步得到解决，党的十九大提出了乡村振兴战略，以解决城乡之间不平衡不充分的发展之间的矛盾问题，实现乡村与城镇的融合性发展，传统的以"从夫居"为主的婚居模式会逐渐被体现新型平等关系的婚居模式所替代。目前，法律与社区情理的博弈与融合仍然存在于以提供生活照料为主的失能老年人的照护中，通过提升道德水平，弘扬和践行中华民族传统家庭美德，建构新型的、体现男女平等的养老文化，夫妻合作履行对双方父母的赡养义务，可以弥补法律与社区情理在博弈过程中的产生的缝隙与冲突。2013年召开的妇女十一大提出要发挥妇女在弘扬中华民族传统家庭美德中的独特作用。十九大召开之后，中共中央、国务院发布了《关于实施乡村振兴战略的意见》，《意见》指出了建设法治乡村，提升乡村德治水平，培育文明乡风、良好家风、淳朴民风，不断提高乡村社会文明程度，挖掘农村传统道德教育资源，加强农村思想道德建设，立足乡村文明，吸取城市文明及外来文化优秀成果，在保护传承的基础上，创造性转化、创新性发展，不断赋予时代内涵、丰富表现形式。这为实现法律与农村社区情理的融合，实现农村失能老年人照护中的性别平等创造了条件。①

四、国家法律体系的不断完善为男女平等的实现提供了法律保障

男女平等是家庭美德的重要内容，也是我国的基本国策和国家顶层制度设计的基本理念。中国共产党从诞生之日起就把实现男女平等写在奋斗的旗帜上。中国始终高度重视家庭建设，男女平等的婚姻家庭关系日益巩固。

中华人民共和国成立以来，促进男女平等的法律体系不断完善，为实现男女平等构筑了坚固的法律屏障。《中华人民共和国宪法》作为国家根本大法，始终坚持男女平等原则。1954年第一部《中华人民共和国宪法》规定了妇女在政治、经济、文化、社会和家庭生活各方面享有同男子平等的权利，并在历次宪法修改中始终坚持男女平等原则。1950年，中华人民共和国第一部法律——《中华人民共和国婚姻法》确立了男女权利平等的婚姻制度，从根本上废除了封建婚姻制度对妇女的歧视和压迫，妇女的婚姻家庭生活发生了历史性变革。伴随中国特色社会主义民主法治进程，中国制定和修订《中华人民共和国全国人民代表大会和地方各级人民代表大会选举法》《中华人民共和国

---

① 于光君：《法律与农村社区情理的博弈与融合——论农村失能老年人照护中的性别不平等问题》，载《中国人口报》2018年6月27日，第3版。

刑法》《中华人民共和国婚姻法》《中华人民共和国母婴保健法》《中华人民共和国劳动法》《中华人民共和国就业促进法》《中华人民共和国劳动合同法》《中华人民共和国农村土地承包法》《中华人民共和国村民委员会组织法》等法律法规，都鲜明体现了男女平等原则。1992年制定实施的《中华人民共和国妇女权益保障法》是中国第一部促进男女平等的基本法，2005年修订妇女权益保障法，确立了男女平等基本国策的法律地位。1995年在第四次世界妇女大会上，中国政府宣布男女平等是基本国策。"坚持男女平等基本国策"写入党的十八大报告和十九大报告中，成为党治国理政的重要理念和内容。依据《中华人民共和国立法法》备案审查制度和程序规定，创建促进男女平等发展新机制，建立健全政府贯彻落实男女平等基本国策的工作机制，建立完善人大立法和政协协商推动男女平等的工作机制。

　　国家保障和促进男女平等法律体系的不断完善，不但为社会生活中男女平等的实现提供了法律保障，而且也为家庭生活中男女平等的实现提供了法律保障。

第二节　重视和加强家庭道德建设

　　道德是人类历史发展和社会实践的产物，起源于一定的社会关系，是人类社会所特有的现象。人们为了更好地共同生活，就要处理好两个方面的问题，一要处理好个人与他人的关系；二要处理好个人与集体、社会的关系。而要处理好这两方面的关系，就需要有共同遵守的原则和规范，并以此为杠杆对彼此之间的关系进行适当调整，对个人的行为加以必要地约束。道德是通过社会舆论、人们内心信念和传统习惯的力量来调整人们之间以及个人和社会之间关系的行为准则和规范的总和。一定社会的道德一旦产生，就要通过各种形式的教育和社会舆论的力量，对人们产生重大的影响，使人们逐步形成一定的信念、习惯、传统。从而对自己的各种行为自觉地进行必要的约束，对自己与他人、与社会关系自觉地进行调整，并用道德规范、善与恶、美与丑、正义与非正义、公正与偏私、诚实与虚伪、谦虚与骄傲、勇敢与怯懦等道德概念来评价人们的行为，指出什么是应该做的，什么是不应该做的。被认为应该做的就是道德的，被认为不应该做的就是不道德的。只有在发生个人利益与整体利益的关系时，当人们意识到这种关系并需要调整这种关系时，才会出现道德问题。①家庭道德是调整家庭成员之间关系的行为准则和行为规范。重视和加强家庭道德建设是家庭成员之间和谐相处的重要保障。

一、中国社会具有重视道德的历史传统

中国社会具有重视道德的历史传统，重视道德是中国社会的重要特质。在先秦，"道"和"德"是两个不同但又有联系的概念，《老子》一书系统而详细地阐述了"道"的意涵。《老子》曰："有物混成，先天地生。寂兮寥兮，独立而不改，周行而不殆，可以为天地母。吾不知其名，强字之曰'道'。"意思是说，有一个东西混沌而成，先于天地而存在。寂静啊，空虚啊，独自生存而永不改变，循环运行而永不懈怠，可以成为天地的本原。不知道它的名字，勉强地称它为"道"。"天之道，损有余而补不足；人之道则不然，损不足以奉有余。孰能有余以奉天下？唯有道者。"天道是减少多余的而弥补不足的；社会的法则就不是这样，是减少不足的而供养有余的。谁能够用有余来供养天下的不足呢？只有得道的人。"天之道，利而不害；圣人之道，为而不争"，自然的法则是利物而不害物；圣人的法则是帮助而不争夺。"孔德之容，惟道是从"，大德的模样，唯有跟着道而变化。"道生之，德畜之，物形之，势成之。是以万物莫不尊道而贵德。道之尊，德之贵，夫莫之命而常自然。故道生之，德畜之，长之育之，亭之毒之，养之覆之。生而不有，为而不恃，长而不宰，是谓'玄德'"。"道"化生万物，"德"养育万物，用不同形态区分万物，在各种环境中成就万物。因此，万物没有不尊崇"道"而珍贵"德"的。"道"受到尊崇，"德"受到珍贵，是因为"道"和"德"没有对万物发号施令而永远顺应自然。所以，"道"化生万物，"德"养育万物，使万物成长发育，使万物结果成熟，给万物抚育保护。生长万物而不占有，抚育万物而不自恃，长养万物而不主宰，这就叫"玄德"。"故从事于道者，同于道；德者，同于德；失者，同于失。同于道者，道亦乐得之；同于德者，德亦乐得之；同于失者，失亦乐得之。"意思是说，从事于"道"的人，行为就与"道"相同；从事于"德"的人，行为就与"德"相同；从事于失"道"失"德"的人，行为就与失"道"失"德"相同。行为与"道"相同的人，

---

① 李佩芝等编写：《共产主义道德概论》，山东人民出版社 1984 年版，第 2~4 页。

"道"也乐意得到他；行为与"德"相同的人，"德"也乐意得到他；行为与失"道"失"德"相同的人，失"道"失"德"也乐意得到他。"道"是在昭示一切，"德"是在承载"道"的一切。"道"无言无形，看不见听不到摸不着，只有通过我们的思维意识去认识和感知它，"德"是"道"的载体，是"道"的体现。"德"的本意是顺应自然、社会和人类客观需要去做事。万物既然来自于"道"，它从"道"所获得的就称作"德"。万物的本性就称为"德"，它的本性，它的特色是"德"的表现。"道"生出万物，而"德"滋养万物。"德"是位于"道"之下的一种表现方式，与"道"是相互依存而存在的。只有"道"的出现才能存在"德"，而"道"的实现途径之一也是"德"。道家所谓的"道"是讲一切事物的本质和规律，而"德"是讲万物的本性和禀赋。

《周易·系辞下》曰："天地之大德曰生"，天地的大德是化生万物。《周易·坤·象》曰："地势坤，君子以厚德载物。"地的形势，是坤卦的象征。君子观看这一卦象，要以宽厚的德行承载万物。道德高尚者能承担重大任务。天地间有形的东西，没有比大地更厚道的了，也没有不是承载在大地上的，所以要效法"坤"的意义，以厚德对待他人，无论是聪明、愚笨还是卑劣不肖的都给予一定的包容。《周易·系辞下》曰："是故履，德之基也；谦，德之柄也；复，德之本也；恒德之固也；损，德之修也；益，德之裕也；困，德之辨也；井，德之地也；巽，德之制也。"履是道德修养的基础；谦是道德修养的要柄；复是道德修养的根本；恒是巩固道德的前提；损是修补道德的方法；益是扩充道德的途径；困是辨别道德的要领；井是保持道德的处所；巽是调节道德的规范。"履，和而至；谦，尊而光；复，小而辨于物；恒，杂而不厌；损，先难而后易；益，长欲而不设；困，穷而通；井，居其所而迁；巽，称而隐。"履使人和顺而达到崇高；谦使人被尊敬而光明；复在微小之处辨别事物的善恶；恒教人恒守而不倦；损教人先难而后易；益教人不断增进道德而不造作；困教人身处困境而道德通达；井教人安居其位而施德于人；巽教人处事得宜而不显露形迹。"履，以和行；谦，以制礼；复，以自知；恒，以一德；损，以远害；益，以兴利；困，以寡怨；井，以辨义；巽，以行权。"履用来调和人的行为；谦用来调节礼节；复用来自知过失；恒用来专守一德；损用来远离祸害；益用来增加福利；困用来减少怨尤；井用来辨明道义；巽用来随时应变。《周易·系辞下》明确指出："德薄而位尊，知小而谋大，力小而任重，鲜不及矣!"品德浅薄而踞守高位,智慧底浅而思虑图大,力量弱小还想肩扛重任,那就很少有不招来灾祸的。

儒家所说的"道",都是讲人道,《中庸》说:"天命之谓性,率性之谓道,""中也者,天下之大本也;和也者,天下之达道也。致中和,天地位焉,万物育焉。""诚者,天之道也;诚之者,人之道也。"天赋予人的禀赋叫做性,遵循天道而行叫做"道"。中是天下的根本,和是天下普遍遵循的规律。达到中和的境界,天地便各在其位了,万物的生长就茂盛了。真诚是上天的原则;追求真诚是做人的原则。而"德"就是讲德行了。《大学》引用了《康诰》、《大甲》、《帝典》中的原话来说"德"。《康诰》曰:"克明德。"是说"能够弘扬光明的品德。"《大甲》曰:"顾是天之明命。"是说:"顾念上天赋予的光明德性。"《帝典》曰:"克明俊德。"是说:"能够弘扬崇高的品德。"这些话都是说自己要弘扬光明的品德。《大学》曰:"大学之道,在明明德,在亲民,在止于至善。"大学的宗旨,在于弘扬光明正大的品德,在于使人弃旧向新,在于使人的道德达到最完善的境界。"富润屋,德润身",财富能润饰房屋,道德却可以润饰身心。

孔子特别强调"德"的重要性,在《论语》中多处强调"德",孔子是中国历史上最早提出以"德"治国的思想家。"为政以德,譬如北辰,居其所而众星拱之。"当政者运用道德来治理国家,就好像北极星,安居其所,而其他众星井然有序地环绕着它。"道之以政,齐之以刑,民免而无耻;道之以德,齐之以礼,有耻且格。"用政令来训导百姓,百姓只会尽量地避免获罪,却没有耻辱心;用道德来引导人们,用礼教来整饬人民,人民就会有耻辱心而且归顺。"骥不称其力,称其德也。"称赞名马为骥,不是称赞它的气力,而是称赞它的美德。"志于道,据于德,依于人,游于艺。"立志于道,据守着德,依据着仁,而活动于礼、乐、射、御、书、数六艺中。"德不孤,必有邻。"有道德的人不会孤单,一定会有志同道合者和他做伴。"巧言乱德。"花言巧语能败坏道德。"是故君子先慎乎德","有德此有人,有人此有土,有土此有财,有财此有用。德者,本也;财者,末也。"所以,君子要注重修养德行。有道德才会有人拥护,有人拥护才能有土地,有土地才会有财富,有财富才能供使用。道德是根本,财富是枝末。《中庸》曰:"小德川流,大德敦化,此天地之所以为大也。"小的德行如河水一样长流不息,大的德行使万物敦厚淳朴,这就是天地之所以伟大的原因。

孟子也强调"德"的重要性，孟子进一步发展了孔子以"德"治国的思想。孟子说："仁义礼智，非由外铄吾也，吾固有之也。"意思是说仁义礼智之类的道德规范不是后来形成的，根源于人心，是先天固有的良知。《孟子·梁惠王上》曰："德何如，则可以王矣？曰：保民而王，莫之能御也。"要有怎样的道德，才能使天下归服呢？安抚老百姓就可以使天下归服，这是没有人能阻拦的。"以德行仁者王，王不待大。"采取惠民举措去实行仁政即可称王于天下，而且称王不必凭借国家的强大。"以德服人者，中心悦而诚服也。"依靠德政使四方民众归服的，那样才是心悦诚服。"天下有达尊三：爵一，齿一，德一。"天下称得上尊贵的东西有三样，爵位算一样，年龄算一样，德行算一样。"尊贤育才，以彰有德。"尊重贤人和培育人才，并表彰具备美好德行的人。孟子认为"德"是人区别于禽兽的根本之处。

荀子最早将"道"与"德"二字合用，并且赋予"道德"较为确定的意义。"道德"一词一般认为是在荀子的《劝学》篇中最早出现的，"故学至乎礼而止矣。夫是之谓道德之极。礼之敬文也，乐之中和也，诗书之博也，春秋之微也，在天地之间者毕矣。君子之学也，入乎耳，着乎心，布乎四体，形乎动静。端而言，蠕而动，一可以为法则。小人之学也，入乎耳，出乎口；口耳之间，则四寸耳，曷足以美七尺之躯哉！古之学者为己，今之学者为人。君子之学也，以美其身；小人之学也，以为禽犊。"这里的道德开始讲人的修养品德了，即指人们在社会生活中所形成的道德品质、道德境界和调整人与人之间关系的道德原则和规范。

司马光根据"德"与"才"之间的关系，把人分为四类，司马光所说的"德"就是"道德"。在《资治通鉴》卷第一周纪一中说，"夫才与德异，而世俗莫之能辨，通谓之贤，此其所以失人也。夫聪察强毅之谓才，正直中和之谓德。才者，德之资也；德者，才之帅也。云梦之竹，天下之劲也，然而不矫揉，不羽括，则不能以入坚；棠溪之金，天下之利也，然而不熔范，不砥砺，则不能以击强。是故才德全尽谓之圣人，才德兼亡谓之愚人，德胜才谓之君子，才胜德谓之小人。凡取人之术，苟不得圣人、君子而与之，与其得小人，不若得愚人。何则？君子挟才以为善，小人挟才以为恶。挟才以为善者，善无不至矣；挟才以为恶者，恶亦无不至矣。愚者虽欲为不善，智不能周，力不能胜，譬之乳狗搏人，人得而制之。小人智足以遂其奸，勇足以决其暴，是虎而翼者也，其为害岂不多哉！夫德者人之所严，而才者人之所爱。爱者易亲，严者易疏,是以察者多蔽于才而遗于德。自古昔以来,国之乱臣,家之败子,才有馀而德不足,以至于颠覆者多矣,岂特智伯哉!故为国为家者,苟能审于才德之分而知所先后,又何失人之足患哉!"

儒家的"道"是指人类共同的道路是人生正途,而"德"则明确是人的道德品质了。我们现在所说的"道德"就是儒家思想意义上的道德概念。儒家重视的就是人的德行的修养,努力让自己成为君子、成为圣人。一个人的道德水平要靠后天的努力和修养来保证。

近代以来,尽管中国传统文化遭到批判,但是,中国共产党自成立之日起,既是中国先进文化的积极引领者和践行者,又是中华优秀传统文化的忠实传承者和弘扬者。坚持依法治国与以德治国相结合,在坚持社会主义法制建设的同时,积极传承和弘扬中华民族传统美德。中共中央 2001 年 9 月 20 日印发《公民道德建设实施纲要》,《纲要》的实施旨在从公民道德建设入手,继承中华民族几千年形成的传统美德,发扬党领导人民在长期革命斗争与建设实践中形成的优良传统道德,借鉴世界各国道德建设的成功经验和先进文明成果,努力建立与发展社会主义市场经济相适应的社会主义道德体系。社会公德、职业道德和家庭美德是公民道德建设的主要内容。党的十八大以来,以习近平同志为核心的党中央高度重视公民道德建设,立根塑魂、正本清源,作出一系列重要部署,推动思想道德建设取得显著成效。中国特色社会主义和中国梦深入人心,践行社会主义核心价值观、传承中华优秀传统文化的自觉性不断提升,爱国主义、集体主义、社会主义思想广为弘扬,崇尚英雄、尊重模范、学习先进成为风尚,民族自信心、自豪感大大增强,人民思想觉悟、道德水准、文明素养不断提高,道德领域呈现积极健康向上的良好态势。同时也要看到,在国际国内形势深刻变化、我国经济社会深刻变革的大背景下,由于市场经济规则、政策法规、社会治理还不够健全,受不良思想文化侵蚀和网络有害信息影响,道德领域依然存在不少问题。一些地方、一些领域不同程度存在道德失范现象,拜金主义、享乐主义、极端个人主义仍然比较突出;一些社会成员道德观念模糊甚至缺失,是非、善恶、美丑不分,见利忘义、唯利是图,损人利己、损公肥私;造假欺诈、不讲信用的现象久治不绝,突破公序良俗底线、妨害人民幸福生活、伤害国家尊严和民族感情的事件时有发生。这些问题必须引起全党全社会高度重视,采取有力措施切实加以解决,所以,2019 年 10 月,中共中央、国务院印发了《新时代公民道德建设实施纲要》,推动以社会公德、职业道德和家庭美德为主要内容的公民道德建设。

二、创新性发展和创造性转化中华传统家庭道德

中华民族是一个重视家庭、崇尚和谐的民族,"家和万事兴"是中国人所认同的家庭理念。为了家庭的和谐,在长期的历史发展和家庭生活实践中,积淀形成了独具特色的家庭道德规范用以调整家庭成员之间的关系。人伦是中国古代儒家伦理道德学说的基本概念之一,是社会道德的根本和基础。儒家认为人有五伦,即"君臣、父子、夫妇、兄弟、朋友",父子、兄弟属"天伦",即家庭血缘伦理关系;君臣、朋友属"人伦",即社会伦理关系;夫妇一伦则介于天人之间,并且紧紧联结着天伦与人伦。《中庸》曰:"君臣也,父子也,夫妇也,昆弟也,朋友之交也:五者,天下之达道也。"《孟子·滕文公上》曰:"人之有道也,饱食暖衣,逸居而无教,则近于禽兽,圣人有忧之,使契为司徒,教以人伦:父子有亲,君臣有义,夫妇有别,长幼有叙,朋友有信。"《汉书·东方朔传》曰:"上不变天性,下不夺人伦。"宋周密《齐东野语·巴陵本末》曰:"人伦睦,则天道顺。"其中"父子、夫妇、兄弟"这"三伦"属于传统家庭道德的范畴,"君臣"与"朋友"这"二伦"是家庭道德的拓展,处理好父子、夫妻、兄弟之间的关系是家庭和谐通畅的必由之路,也是处理好社会关系的基础。如果不能正确处理好家庭成员之间的关系,则必然祸及家人,殃及家庭。《礼记》中说:"何谓人义?父慈,子孝,兄良,弟悌,夫义,妇听,长惠,幼顺,君仁,臣忠,十者谓之人义。"《周易·文言·坤》曰:"积善之家,必有余庆;积不善之家,必有余殃。臣弑其君,子弑其父,非一朝一夕之故,其所由来者渐矣,由辩之不早辩也。"积累善行的人家,必然会有享受不完的喜庆;积累恶行的人家,必然会有接连不断的祸殃。臣子杀死君主,儿子杀死父亲,并非一朝一夕的缘故,它的由来是逐渐积累的,是由于不能及时及早地加以辨别。

父子有亲,父慈子孝。一个人出生后首先形成的人际关系就是自己与父母之间的关系,父母与子女之间血脉相连,父母与子女之间的关系比任何关系都要亲密,因此,父母与子女的关系称为天伦,列五伦之首。中国传统文化强调亲情高于一切,"叶公语孔子曰:'吾党有直躬者,其父攘羊,而子证之。'孔子曰:'吾党之直者异于是。父为子隐,子为父隐,直在其中矣'"(《论语·子路》)。叶公告诉孔子说,我们乡党有个行事正直的人,他父亲偷了别人的

羊，他告发了父亲。孔子说，我们乡党中正直的人与此不同，父亲为儿子隐瞒，儿子为父亲隐瞒，正直也就在里面了。孔子认为父子相隐，符合天理人情，直在其中了。"桃应问曰：'舜为天子，皋陶为士，瞽瞍杀人，则如之何？'孟子曰：'执之而已矣。''然则舜不禁与？'曰：'夫舜恶得而禁之？夫有所受之也。''然则舜如之何？'曰：'舜视弃天下，犹弃敝屣也。窃负而逃，遵海滨而处，终身䜣然，乐而忘天下'"（《孟子·尽心上》）。孟子的弟子桃应问道，舜做天子，皋陶当法官，如果瞽叟杀了人，该怎么办？孟子说，把他抓起来就是了。桃应问道，那么，舜不去制止吗？孟子回答说，舜怎么能去制止呢？皋陶抓人是有法律依据的。桃应问道，那么舜该怎么办？孟子回答说，舜把抛弃天子的位置看得如同丢弃破鞋，他会偷偷背上父亲逃跑，沿着海边住下来，一生都高高兴兴，快乐得忘掉了天下。身为法官的皋陶必须忠于职守，而作为天下之主的舜为了自己的父亲则可以把一切荣华富贵当做烂鞋扔掉。即使用整个天下也不能换取父子之间的亲情关系，在"父子有亲"之前，连天下皇帝的宝座也无足轻重。尽管强调亲情的重要，但是爱国主义始终是中华优秀传统文化中的主旋律，当国家利益和家庭利益、个人利益发生冲突的时候，牺牲亲情维护国家利益的大义灭亲之举是备受赞赏和敬仰的。

  对于一个人来说，家庭是第一所学校，父母是第一任老师，一个人的成长离不开父母的教育和抚育。父母教育子女要仁慈，子女侍奉父母要孝顺。父母要懂得如何用慈爱、智慧来教育自己的子女，子女也要知道关怀体贴父母，尽自己的孝心，让父子之伦和谐圆满。"为人子，止于孝；为人父，止于慈"（《大学》）。"慈"与"孝"是父子之伦和谐圆满的两大家庭道德准则，"父慈"是"子孝"的前提和基础。何为"孝"？《说文》讲"孝"为：善事父母者。老在上，子在下。孔子根据不同人的具体情况回答了"孝"是什么的问题，"父在，观其志；父没，观其行；三年无改于父之道，可谓孝矣"；孟懿子问孝，子曰："生，事之以礼；死，葬之以礼，祭之以礼"；孟武伯问孝，子曰："父母唯其疾之忧"；子游问孝，子曰："今之孝者，是谓能养。至于犬马，皆能有养；不敬，何以别乎？"；子夏问孝，子曰："色难。有事，弟子服其劳；有酒食，先生馔。曾是以为孝乎？"（《论语》）。"夫孝，德之本也，教之所由生也"，"身体发肤，受之父母，不敢毁伤，孝之始也。立身行道，扬名于后世，以显父母，孝之终也。夫孝，始于事亲，中于事君，终于立身"（《孝经》）。"教以孝，所以敬天下之为人父者也"（《孝经》）。孟子曰：

"不孝有三，无后为大。舜不告而娶，为无后也，君子以为犹告也"（《孟子·离娄上》）。① "公都子曰：'匡章②，通国皆称不孝焉。夫子与之游，又从而礼貌之，敢问何也？'孟子曰：'世俗所谓不孝者五：惰其四支，不顾父母之养，一不孝也；博弈好饮酒，不顾父母之养，二不孝也；好货财，私妻子，不顾父母之养，三不孝也；从耳目之欲，以为父母戮，四不孝也；好勇斗狠，以危父母，五不孝也。章子有一于是乎？夫章子，子父责善而不相遇也。责善，朋友之道也；父子责善，贼恩之大者。夫章子，岂不欲有夫妻子母之属哉？为得罪于父，不得近。出妻，屏子，终身不养焉。其设心以为不若是，是则罪之大者，是则章子已矣'"（《孟子·离娄下》）。"以敬孝易，以爱孝难；以爱孝易，以忘亲难；忘亲易，使亲忘我难；使亲忘我易，兼忘天下难；兼忘天下易，使天下兼忘我难"（《庄子·天运》）。从以上可以看出，"孝"并不是无条件的，"孝"具有边界性，"孝"止于礼；"孝"具有层次性，"始于事亲，中于事君，终于立身"。如何做到"孝"？"事父母，能竭其力"（《论语》）。讲究孝道，子女是否对父母绝对服从呢？"事父母几谏"，侍奉父母，对于他们的过错要稍加规劝。《周易·蛊卦》也谈到这个问题，对于父母的过错要去纠正，这才是孝。"初六：干父之蛊。有子考，无咎。厉终吉。象曰：'干父之蛊'，意承考也。"矫正父亲的毛病。有儿子能够成就父业，没有过错。虽然显得严厉，但是最终吉祥。《象传》说："干父之蛊"，儿子的意愿在承继先

---

① 有些人对这句话不太理解，片面认为：不孝有三件事，没有后代（无子）是最大的不孝，其实这样理解是不对的。"不孝有三，无后为大"正解为，"不孝有三种，以不守后代之责为大"，并无不生孩子就是不孝的含义。赵岐在《十三经注疏》中说，"于礼有不孝者三，谓阿意曲从，陷亲不义，一不孝也；家贫亲老，不为禄仕，二不孝也；不娶无子，绝先祖祀，三不孝也"。而根据赵歧所做《十三经注》第一不孝，是"阿意曲从，陷亲不义"，即对父母无条件地屈从，容忍他们做不义之事。把"无后"解释为了"不娶无子"是两千多年的误解。如果说结婚是为了父母并为此去欺骗一位异性结婚生子，甚至连自己内心都欺骗过去了，那么无后问题没解决，反而犯了第一不孝。

② 匡章：战国时齐国名将。又称田章、陈璋、章子、匡子。齐国人都认为匡章不是个孝子，但是孟子却不这么看。他很清楚匡章和父亲分开的真实原因。匡章太爱他的父亲，以至于不能容忍父亲的任何瑕疵，所以最终两人不再见面。匡章觉得自己使父亲失去了天伦之乐，如果自己却在享受这种快乐是不道德的，所以就"出妻屏子，终身不养焉"。匡章的母亲叫启，她得罪了丈夫，被他杀死，埋于马栈之下。由于匡章和父亲分离，所以匡章虽然知道此事却也无从插手。秦国攻打齐国，齐威王命令匡章为将军率兵抗秦。战前，他说如果齐军得胜，就要为匡章的母亲更葬。而匡章则说，父亲并没有在生前对我交代过母亲的事情，我这么做不等于是欺骗死去的父亲吗？

父的事业。"九二：干母之蛊，不可贞。象曰：'干母之蛊'，得中道也。"纠正其母亲的毛病，不可矫正了。《象传》说："干母之蛊"，得中道也。"九三：干父之蛊，小有悔，无大咎。《象》曰：'干父之蛊'，终无咎也。"纠正父亲的毛病，有些悔恨，没有大的过错。《象传》说："干父之蛊"，最后不会有过错。"六四：裕父之蛊，往见吝。《象》曰：'裕父之蛊'，往未得也。"资助父亲的毛病，继续前往就有耻辱。《象传》说："欲父之蛊"，前往不能有所得。"六五：干父之蛊，用誉。《象》曰：'干父之蛊，用誉'，承以德也。"矫正父亲的毛病，用名誉承担。《象传》说："干父之蛊，用誉"，是承受了天德。

父慈子孝，父慈是子孝的前提和基础。何为"慈"？《说文》曰："慈，爱也"，上爱下曰慈。"慈者，父母之高行也"（《管子·形势解》）。"亲爱利子谓之慈，恻隐怜人谓之慈"（《贾子道术》）。给予对方好处曰"慈"。父母慈爱子女的最好方式就是教育子女成才，教育子女学会做人，而做人与成才的根本在于有德。

历史上，由于政治统治的需要，淡化了"慈"，夸大了"孝"，以国比家，把"孝"与"忠"联系在一起，"孝"成为选拔官员的一个标准，"孝"被政治化和工具化了，出现了许多"愚孝"现象。近代以来，在批判传统家庭道德伦理的时候，真正批判的是"愚孝"，结果"孝"与"愚孝"一起被批判。父慈子孝的传统家庭伦理道德被否定。

夫妇有别，夫妻恩爱。夫妇有别，首先是丈夫和妻子在共同生活中应该有所区别，丈夫要遵循作为丈夫的伦理规范，妻子要遵循作为妻子的伦理规范，因为丈夫和妻子的义务不同，所以叫做"有别"。男人要像男人一样说话、办事；女人要像女人一样说话、办事，这并非是不平等的伦理规范，而是平等的道德要求。一般来说，男性在生理和心理方面比较强壮、坚强，女性则比较温顺、仔细。要求男人要像男人一样是为了发挥男性的阳刚之气，他符合男性的本来特征；要求女人要像女人一样则是为了展现女性的温柔之姿，也符合女性的本来特征。如果男性失去了男性的本色不仅是男性的不幸，而且也会使国家蒙受损失，女性亦然。男女各自彰显自己的本色才能组建和睦的家庭。"男女有别，人道之大者也"（《礼记·效特性》）。"君子之道，造端乎夫妇，及其至也，察乎天地。"朱熹认为，"夫妇，人伦之至亲至密者也。人之所为，皆有不可以告其父兄，而悉以告其妻者。人事之至近，而道行乎其间。"一切的大道理，要从夫妇之间开始。如果连夫妻关系都处理不好，不能维持一个和睦稳定的家庭，经常"后院起火"，还谈什么大道，做什么事业呢！夫妇有别并不说把夫妇对立起来，而是夫妻恩爱，丈夫要爱护妻子，妻子要敬爱丈夫，相互尊重对方的人格，维护对方的尊严，家有大小事情，夫妻商议而行。夫妻同心同德、同心协力、两位一体、尊重珍视对方胜过珍视自己，这样才能构筑起幸福的家庭。《周易·说卦》曰："夫妇之道，不可以不久也，故受之以恒。恒者，久也。"

在民间，把夫妻之间的关系庸俗化为"嫁鸡随鸡，嫁狗随狗"，妻子要无条件地服从丈夫，其实这种观点是错误的。"妻者，齐也。与夫齐体"（《白虎通·嫁娶》）。丈夫和妻子在家庭中的地位是平等的，"夫义，妇听"（《礼记》）。丈夫不义则妻子可以不听，妻子对丈夫还负有规劝和教化之责，例如乐羊子妻运用自己的智慧规劝和教化自己的丈夫不贪不义之财，立志向学。

长幼有序，兄友弟恭。长为兄，幼为弟，兄爱弟，弟敬兄，兄宽弟忍，和和气气，当兄弟有过失的时候，兄弟之间要懂得劝诫，面对祖业家财不争不贪，自然长幼有序也。"教以悌，所以敬天下之为人兄者也"（《孝经·广至德章·第十三》）。"孝悌也者，其为仁之本与"（《论语》）。孝敬父母、尊敬兄长，这是实行仁道的基础。

婆媳关系虽不在五伦之列，但是婆媳关系一直是影响家庭和谐的重要因素。历史上，因为婆媳关系交恶，导致了很多家庭悲剧，如《孔雀东南飞》序曰："汉末建安中，庐江府小吏焦仲卿妻刘氏，为仲卿母所遣，自誓不嫁。其家逼之，乃投水而死。仲卿闻之，亦自缢于庭树。时人伤之，为诗云尔。"陆游和唐婉之间的爱情悲剧皆因婆媳关系不睦。但是，还有诸多慈婆贤媳的事迹为处理好婆媳关系提供了榜样。孟子的母亲作为婆婆深明大义，是非分明，批评了孟子的过失，和睦了儿子和媳妇之间的关系。乐羊子妻以自己的言行规劝了婆婆的过失，"尝有它舍鸡谬入园中，姑盗杀而食之，妻对鸡不餐而泣。姑怪问其故。妻曰：'自伤居贫，使食有它肉。'姑竟弃之"（《后汉书·列女传》）。这些都是传统家庭道德中可以传承和弘扬的精华内容。

传统家庭道德属于传统文化的重要组成部分，在近代中国社会转型中，传统文化遭到批判，传统家庭伦理道德也一起遭到批判。传统家庭伦理道德既有精华也有糟粕，既有不符合时代需要的内容，也有超越时空的有价值的思想。对传统家庭伦理道德进行创新性发展和创造性转化，取其精华，去其糟粕，并赋予新的时代内涵，"执古之道，以御今之有"（《老子》）。

三、传承和弘扬中华民族家庭美德

家庭美德属于家庭道德的范畴,是在道德意识支配指导下,按照家庭美德规范行动,逐渐形成的人们的道德品质、美德,是每个公民在家庭生活中应该遵循的基本行为准则。家庭美德是调节家庭成员之间,即调节夫妻、父母同子女、兄弟姐妹、长辈与晚辈、邻里之间,调节家庭与国家、社会、集体之间的行为准则,是评价人们在恋爱、婚姻、家庭、邻里之间交往中的行为是非、善恶的标准。中共中央2001年9月20日印发实施的《公民道德建设实施纲要》提出,"从我国历史和现实的国情出发,社会主义道德建设要坚持以为人民服务为核心,以集体主义为原则,以爱祖国、爱人民、爱劳动、爱科学、爱社会主义为基本要求,以社会公德、职业道德、家庭美德为着力点。""家庭美德是每个公民在家庭生活中应该遵循的行为准则,涵盖了夫妻、长幼、邻里之间的关系。家庭生活与社会生活有着密切的联系,正确对待和处理家庭问题,共同培养和发展夫妻爱情、长幼亲情、邻里友情,不仅关系到每个家庭的美满幸福,也有利于社会的安定和谐。要大力倡导以尊老爱幼、男女平等、夫妻和睦、勤俭持家、邻里团结为主要内容的家庭美德,鼓励人们在家庭里做一个好成员。""家庭是人们接受道德教育最早的地方。高尚品德必须从小开始培养,从娃娃抓起。要在孩子懂事的时候,深入浅出地进行道德启蒙教育;要在孩子成长的过程中,循循善诱,以事明理,引导其分清是非、辨别善恶。要在家庭生活中,通过每个成员良好的言行举止,相互影响,共同提高,形成好的家风。"2019年10月,中共中央、国务院印发实施的《新时代公民道德建设实施纲要》提出,"要把社会公德、职业道德、家庭美德、个人品德建设作为着力点"。"推动践行以尊老爱幼、男女平等、夫妻和睦、勤俭持家、邻里互助为主要内容的家庭美德,鼓励人们在家庭里做一个好成员"。和《公民道德建设实施纲要》相比,《新时代公民道德建设实施纲要》关于家庭美德的内容有所变化,由"邻里团结"变为"邻里互助",更强调邻里之间的互助合作。

中华优秀传统文化是中华家庭美德的载体,传承和弘扬中华民族家庭美德就要发挥家庭在传承和弘扬中华优秀传统文化中的重要作用。2017年1月,中共中央办公厅、国务院办公厅印发的《关于实施中华优秀传统文化传承发展工程的意见》指出,"中华优秀传统文化蕴含着丰富的道德理念和规范,如天下兴亡、匹夫有责的担当意识,精忠报国、振兴中华的爱国情怀,崇德向善、见贤思齐的社会风尚,孝悌忠信、礼义廉耻的荣辱观念,体现着评判是非曲直的价值标准,潜移默化地影响着中国人的行为方式。传承发展中华优秀传统文化,就要大力弘扬自强不息、敬业乐群、扶危济困、见义勇为、孝老爱亲等中华传统美德。"2014年3月,教育部制定并发布的《完善中华优秀传统文化教育指导纲要》指出,"充分发挥家庭在中华传统文化教育中的重要作用","坚持中华优秀传统文化教育与培育和践行社会主义核心价值观相结合","家长通过言传身教,形成爱国守法、遵守公德、珍视亲情、勤俭持家、邻里和睦的良好家风,营造弘扬中华优秀传统文化的家庭教育氛围"。

四、提升家庭成员的个人品德

品德,即道德品质,也称德性或品性,是个体依据一定的道德行为准则行动时所表现出来的稳固的倾向与特征。品德就其实质来说,是道德价值和道德规范在个体身上内化的产物。从其对个体的功能来说,如同智力是个体智慧行为的内部调节机制一样,品德则是个体社会行为的内部调节机制。品德包括道德认识、道德情感、道德意志和道德行为四部分,道德认识是智力因素,其余三个是非智力因素。2019年10月,中共中央、国务院印发的《新时代公民道德建设实施纲要》提出,"推动践行以爱国奉献、明礼遵规、勤劳善良、宽厚正直、自强自律为主要内容的个人品德,鼓励人们在日常生活中养成好品行。"和《公民道德建设实施纲要》相比,《新时代公民道德建设实施纲要》增加了"个人品德"的内容。只有每个家庭成员的个人品德都提升了,整个家庭的道德水平就提高了,家庭的道德水平提高了,家庭生活和谐的指数就提高了。提升家庭成员的个人品德对于家庭和谐具有至关重要的作用。中华优秀传统文化为个人品德的修持和提升提供了丰富的资源。"克己复礼","非礼勿视,非礼勿听,非礼勿言,非礼勿动","发乎情,止乎礼","仁者爱人",要以一颗诚敬之心对待去关心和爱护自己的家庭成员,但又不失礼度。"己所不欲,勿施于人。在邦无怨,在家无怨","己欲立而立人,己欲达而达人",推己及彼,利己利人,要有牺牲和奉献精神,反对极端利己主义和极端个人主义行为。对于个人来说,极端利己主义和极端个人主义是导致个人品德堕落的思想和行为;对于家庭这个社会初级群体来说,极端利己主义和极端个人主义是极具破坏力的思想和行为,具有极大的消解力。《大学》为个人品德的提升提供了一个很好的修持路径,"欲齐其家者,先修其身;欲修其身者,先正其心;欲正其心者,先诚其意;欲诚其意者,先致其知；致知在格物。物格而后知至，知至而后意诚，意诚而后心正，心正而后身修，身修而后家齐。"

五、扮演好家庭角色

每个家庭成员要有正确的角色认知，扮演好自己的家庭角色，对于其他家庭成员的角色期待要合理。在《论语》中，孔子对于如何扮演好家庭角色这个问题给出了很好的答案。"齐景公问政于孔子，孔子对曰：'君君，臣臣，父父，子子。'公曰：'善哉！信如君不君、臣不臣、父不父、子不子，虽有粟，吾得而食诸？'"父亲要像父亲的样子，儿子要像儿子的样子，如果父亲不像父亲的样子，儿子不像儿子的样子，那么这个家庭就危险了。例如，西夏李元昊贪恋美色，父占子媳，身为国主公开行乱伦之事，结果导致子弑其父，父子相残，家乱国亡。对于普通老百姓而言，会导致父子反目，兄弟成仇，造成家庭悲剧。隋朝初年的颜之推在《颜氏家训·治家篇》中说过这样一段话："夫风化者，自上而行于下者也，自先而施于后者也。是以父不慈则子不孝，兄不友则弟不恭，夫不义则妇不顺矣。父慈而子逆，兄友而弟傲，夫义而妇陵，则天之凶民，乃刑戮之所摄，非训导之所移也。"

作为父母除了不能有性别歧视外，对待子女要公平，不能有偏心，否则会引起子女之间的矛盾和纠纷。《左传》中有一篇《郑伯克段于鄢》，说的是母亲不能公平对待两个儿子，母亲武姜"生庄公及共叔段。庄公寤生，惊姜氏，故名曰寤生，遂恶之。爱共叔段，欲立之"，结果导致兄弟相残的悲剧。父母要扮演好自己的家庭角色，让所有的子女都感觉到父母对自己的关心和爱护，子女之间才能和睦相处，家庭才能和谐幸福。

六、择偶要重德

婚姻是合两性之好，选择配偶要把对方的品德放在首位，如果非常功利主义地把物质利益放在第一位，甚至为了物质利益而不顾及对方的品德，结婚后所组成的家庭是不会幸福和谐的。儒家就非常强调择偶要重德，"子夏曰：'贤贤易色'"。孔子为自己的女儿和侄女择婿注重的就是对方的人品。孔子把自己的女儿嫁给了公冶长①，"子谓公冶长：'可妻也，虽在缧绁之中，非

---

① 公冶长，孔子弟子，姓公冶，名芝，字子长。

其罪也!'以其子妻之。"孔子把自己的侄女嫁给了南容①，"南容三复白圭"。②"子谓南容：'邦有道不废；邦无道免于刑戮。'以其兄之子妻之。"

七、要注重语言修养

语言是一个人品行和德行的外在表现，《论语》中说："有德者必有言，有言者不必有德"，有道德的人一定有善言，有善言的人不一定有道德。《周易·系辞上》中说："将叛者，其辞惭；中心疑者，其辞枝；吉人之辞寡；躁人之辞多；诬善之人，其辞游；失其守者，其辞屈。"意思是说，将要背叛的人，他的言语会惭愧不安；内心疑惑的人，他的言语会支离破碎；善良的人说话少；浮躁的人说话多；污蔑善良人的人，他的言语会游移不定；玩忽职守的人，他的言语会曲折转弯。"不言而信，存乎德行"，不言语而能令人信服的，就在于德行。

在历史上和现实生活中因为出言不逊或出言不慎而导致矛盾、出现祸端的例子屡见不鲜。家庭成员之间因为语言不恰当而导致家庭矛盾的也不在少数。俗话说"良言一句三冬暖，恶语伤人六月寒"，"衣服要干净，语言要文明"。《周易·系辞上》中说祸乱之所以能够产生，是以言语作为阶梯的。"乱之所生也，则言语以为阶。君不密则失臣，臣不密则失身，几事不密则害成。是以君子慎密而不出也。"家庭成员之间也要避免言语伤害，引发不必要的家庭矛盾，影响家庭生活的和谐。良好的语言修养是家庭美德的重要内容，加强语言修养首先要加强道德修养，"同心之言，其嗅如兰"。《周易·系辞上》中说："君子居其室，出其善言，则千里之外应之，况其迩者乎？居其室，出其言不善，则千里之外违之，况其迩者乎？"如果在自己家里说出有益的话，那么千里之外也会有人响应，更何况近处的人呢？如果在自家里说出有害的话，那么千里之外的人都会反对，更何况近处的人呢？《论语》中说："君子欲讷于言而敏于行"，"敏于事而慎于言"，做事勤奋敏捷，说话却要谨慎。孔子很欣赏公叔文子③的做人之道，"时然后言，人不厌其言；乐然后笑，人不厌其笑；

---

① 南容，南宫括，孔子弟子。《论语·宪问》：南宫适问于孔子曰："羿善射，奡荡舟，俱不得其死然；禹、稷躬稼而有天下。"夫子不答。南宫适出，子曰："君子哉若人！尚德哉若人！"

② 《诗经·大雅·抑》中的诗句："白圭之玷，尚可磨也。斯言之玷，不可为也。"由此可知南容出言谨慎，少有过失。

③ 公叔文子，卫国大夫叔拔，卫献公之孙，为人廉静，谥贞惠文子。

义然后取,人不厌其取。"该讲话的时候才讲话,别人不讨厌他讲话;高兴了才会笑,别人不讨厌他笑;合乎道义才去索取,别人不讨厌他索取。在家庭生活中也要如此。

真正破坏一个家庭的是语言暴力,语言暴力是无形的家庭暴力。《荀子·荣辱》说:"与人善言,暖于布帛;伤人以言,深于矛戟。"阿联酋宜家用一个神奇的实验,证明了语言的力量。他们选择了两样相同的盆栽,一样的施肥,一样的接受阳光,唯一的差别是两者接受不同的语言。一个是接受美好动听的语言,另一个则是接受辱骂的话语。实验的结果是,遭到辱骂的盆栽叶子变黄,受到赞美和夸奖的盆栽则绿油油。植物尚且承受不了语言暴力,何况是人类。《疯癫与文明》中说:在种种社会规条的约束下,大部分人都已经舍弃身体的暴力,从而选择一种更文明的暴力——语言暴力,继续实现对他人的伤害。语言暴力,让爱人失去自信,让婚姻走向灭亡。要接纳亲人的不完美,发现亲人的闪光点,多加鼓励,不要使用过激语言,营造良好的家庭环境。

第三节 重视和加强家庭"和谐"文化建设

家庭文化是家庭成员在共同的家庭生活中所形成的文化,对家庭成员的思想观念和行为有着潜移默化的影响作用。和谐家庭文化与和谐家庭生活是相互建构的,和谐家庭生活是和谐家庭文化产生的基础,和谐家庭文化是和谐家庭生活的助推剂。

一、家庭文化的内涵及其特点

1. 文化的内涵

在中国古代语言系统中很早就出现了"文化"一词。在甲骨文中,"文"如同一个人,正面站着,这个人的胸口有一个交错的图案,图案较简单,可能是纹身,也可能是衣服上的花纹,这是"文"的初义。① "文"的本义是指各色交错的纹理。② 《易·系辞下》载:"物相杂,故曰文。"《礼记·乐记》称:"五色成文而不乱。"《说文解字》称:"文,错画也,象交文。"均指此义。

---

① 陈晓龙主编:《中国传统文化概论》,陕西师范大学出版社2014年版,第1页。
② 张岱年、方克立:《中国文化概论》,北京师范大学出版社2006年版,第1页。

"化",本义为改易、生成、造化、改变为。"文"与"化"并联使用,最早出于《易·贲卦·象传》:"观乎天文以察时变,观乎人文以化成天下。""人文"当指人类社会关系的构成及其规律,包括文明礼仪、人伦道德在内。而"人文"与"化成天下"相结合,实际已经具备了"以文教化"的"文化"一词的基本内涵。① 唐代孔颖达在《五经正义》一书解释道:"观乎人文以化成天下者,言圣人观察人文,则诗书礼乐之谓,当法此教而化成天下也。""文""化"的意思是指以"人文"来"教化"。汉代以后,"文"与"化"方结合生成"文化"整词。刘向《说苑·指武》中说:"圣人之治天下也,先文德而后武力。凡武之兴,为不服也,文化不改,然后加诛。"南齐王融《曲水诗·序》中云:"设神理以景俗,敷文化以柔远。"中国古代的文化属于狭义的文化范畴。文化在汉语中实际上是"人文教化"的简称。

文化作为一种学术用语,最早出现在英国人泰勒1865年所著的《文明的早期历史与发展之研究》,六年后,他在著名的《原始文化》一书中将其作为中心概念作了系统的阐述,"文化或文明,就其广泛的民族学意义来说,乃是包括知识、信仰、艺术、道德、法律、习俗和任何人作为一名社会成员而获得的能力和习惯在内的复杂整体。"②

各国百科全书对于文化也给出了一些具有权威性的定义。《苏联大百科全书》(1973年版)认为,"文化"有广义和狭义之别,广义的文化"是社会和人在历史上一定的发展水平,它表现为人们进行生产和生活的种种类型和形式,以及人们所创造的物质和精神财富";狭义的文化则"仅指人们的精神生活领域"。《大英百科全书》(1973—1974年版)将文化分为两类:第一类是"一般性"的定义,认为文化等同于"总体的人类社会遗产";第二类是"多元的、相对的"定义,认为"文化是一种源于历史的生活结构的体系,这种体系往往为集团的成员所共有",它包括这一集团的"语言、传统、习惯和制度,包括有激励作用的思想、信仰和价值,以及它们在物质工具和制造工具中的体现。"《法国大百科全书》(1981年版)认为:"文化是一个社会群体的特有的文明现象的总和。""文化是一个复合体,它包括知识、信仰、艺术、道德、法律、习俗,以及作为社会成员的人所具有的一切其他规范和习惯。"《中国大百科全书》(1981年版)同样将"文化"进行广义和狭义的区分,认

---

① 陈晓龙主编:《中国传统文化概论》,陕西师范大学出版社2014年版,第2页。
② 庄锡昌等:《多维视野中的文化理论》,浙江人民出版社1987年版,第99页。

为:"广义的文化是指人类创造的一切物质产品和精神产品的总和。狭义的文化专指语言、文学、艺术及一切意识形态在内的精神产品。"西班牙《世界大百科全书》认为:"文化就是在某一社会里,人们共有的后天获得的各种观念、价值的有机整体,也就是非先天遗传的人类精神财富的总和。"中国的《辞海》(1979年版)也将"文化"区分为广义和狭义,认为文化"从广义来说,指人类社会历史实践过程中所创造的物质财富和精神财富的总和;从狭义来说,指社会的意识形态,以及与之相适应的制度和组织机构"。

一些著名学者给"文化"下了具有启发意义的定义。美国著名人类学家克莱德·克鲁克洪认为,"文化是历史上所创造的生存式样的系统,既包括显性式样又包括隐性式样,它具有为整个群体共享的倾向,或是在一定时期为群体的特定部分所共享。"梁启超认为:"文化者,人类心能所开释出来之有价值的共业也。"蔡元培认为:"文化是人的生活的体现之一,也就是人的创造性地改造劳动。文化是人发展的状况"。①

概括地说,文化是一个社会历史范畴,是人类社会特有的现象,是以人的活动方式以及由人的实践活动而创造出的物质产品和精神产品为其内容的系统,是人类社会历史发展的一个重要标志。文化的主体是人,客体是客观世界。所谓"文化"不是不受人影响而自然形成的自然物,而是人在社会实践过程中认识世界、改造世界所创造的一切成果的总和。

文化是一个复杂的整体,是一个具有不同层面并且各层面间具有互动作用的一个完整的系统。关于文化的结构,有几种不同的观点,一种观点认为文化的内部结构包括物质文化、制度文化和精神文化三个层次。一种观点认为文化是人类社会具有独立特性的综合体系,主要包括社会生产与生活方式、社会组织形态和精神意识形态三个大的层次。文化体系的构成可以划分为五个方面:各国与各民族的社会生活及其风俗习惯;社会生产类型;国家政治机制;语言文字、科学技术等;文化的精神取向。

文化与文明是两个有关联但又有各自意义与用法的概念。从基本意义上讲,文明指人类一定历史发展阶段所形成的历史形态。这一形态是历史的累积,表明人类脱离原始与野蛮生活,因此它具有历史类型学的意义。《易经》中说"天下文明",指的是人类从蒙昧转向智慧与知识的历史过程。文明包括

---

① 转自颜吾芟:《中国历史文化概论》,清华大学出版社2006年版,第1~2页。

了文化的基本构成,所有的文化都是一定文明的具体存在模式,文明在所处的时代就是一定的文化实践。与文明概念相比,文化的概念更注重现实的实践性质,文化是文明形态的实践方式。一般来说,文化是具体的、感性的、实践行为;而文明是概括的、总体的、历史的形态。虽然"文化"与"文明"有概念的差异,但是二者之间的相互联系与相互重合的部分,远远多于它们所表现出来的差异与区分之处。从广义上来说,文化与文明完全可以等同起来,看作基本相同的范畴。①

2. 家庭文化的内涵

从社会文化的角度,家庭文化是与家庭相关的知识、信仰、艺术、伦理道德、法律、风俗和作为一个家庭成员通过学习而获得的任何其他能力和习惯。也可以从广义上将家庭文化定义为家庭所创造的具有自身特点的物质文化和精神文化;或者从狭义上将家庭文化定义为家庭所形成的具有自身个性的经营宗旨、价值观念和道德行为准则。从家庭功能的角度,可以将家庭文化定义为关于家庭生产经营、生育、性、子女教育、抚养与赡养、感情交流、休闲娱乐的文化;从家庭关系的角度,则可以将家庭文化定义为基于婚姻、血缘或法律拟制而形成的亲属之间的权利和义务关系的文化,主要包括夫妻关系、亲子关系和其他家庭成员如婆媳、翁婿等关系的文化。②

3. 家庭文化的特点

家庭文化具有衍生性、后天习得性、共有性、动态性和民族性、阶级性等特征。家庭文化的衍生性是指家庭文化是由人类进化过程中衍生出来或创造出来的。家庭文化的后天习得性是指家庭文化不是先天遗传的本能,而是后天习得的经验和知识。家庭文化的共有性是指家庭文化是人类共同创造的社会性产物,它必须为一个社会或群体的全体成员共同接受和遵循。家庭文化的动态性是指家庭文化是一个连续不断的动态过程。家庭文化的阶级性是指家庭文化不仅具有高度抽象的特征,更具有特定的历史性和阶级性品格。③

---

① 方汉文:《西方文化概论》,中国人民大学出版社2018年版,第12~13页。
② 北京市妇女理论研究会:《新家庭文化概论》,人民出版社2016年版,第4页。
③ 北京市妇女理论研究会:《新家庭文化概论》,人民出版社2016年版,第5~6页。

二、传承和弘扬中华优秀传统家训文化

1. 中国传统家训文化具有重要的时代价值

习近平在 2015 年春节团拜会发表讲话时指出："中华民族自古以来就重视家庭、重视亲情。家庭是社会的基本细胞，是人生的第一所学校。不论时代发生多大变化，不论生活格局发生多大变化，我们都要重视家庭建设，注重家庭、注重家教、注重家风，紧密结合培育和弘扬社会主义核心价值观，发扬光大中华民族传统家庭美德，促进家庭和睦，促进亲人相亲相爱，促进下一代健康成长，促进老年人老有所养，使千千万万个家庭成为国家发展、民族进步、社会和谐的重要基点。"家风是指一个家庭的传统风习，是人们在长期的家庭生活中逐渐形成和世代延传下来的生活作风、生活习惯、生活方式的总和。家风的形成是家庭长辈和主要成员潜移默化的影响和教诲的结果。一个好的家风家训，能营造一个和谐的家庭，无数的和谐家庭，才能造就一个和谐的社会。家风是家族子孙代代恪守家训、家规而长期形成的具有鲜明家族特征的家庭文化，是一个家族最宝贵的财产，是每个家族成员自豪感的源泉，是每个家庭成员"三观"的基石。家风是融化在我们血液中的气质，是沉淀在我们骨髓里的品格，是我们立世做人的风范，是我们工作生活的格调；家风是民风社风的根基，是社会和谐的基础。

家训和家风有着密切的联系，中国的家训文化源远流长。家训是家庭的核心价值观，家规是家庭的"基本法"，家训也称作家戒、家范、庭训，指的是一个家庭或家族内部长辈对子孙后代的训诫、训示，它的重点放在立身、处世、为学等方面来教育后辈。家训最早是通过父母对子女的当面训诫来体现的。父母对子女面对面的训诫，用文雅的词来说，就是"庭训"。"庭训"出自《论语·季氏》，讲的是孔子当面训诫儿子孔鲤的故事。陈亢问于伯鱼曰："子亦有异闻乎？"对曰："未也。尝独立，鲤趋而过庭，曰：'学《诗》乎？'对曰：'未也。''不学《诗》，无以言。'鲤退而学《诗》。他日，又独立，鲤趋而过庭，曰：'学《礼》乎？'对曰：'未也。''不学《礼》，无以立。'鲤退而学《礼》。闻斯二者。"陈亢退而喜曰："问一得三，闻《诗》，闻《礼》，又闻君子之远其子也。"由此，"趋庭"、"鲤对"、"庭对"也成为中国家训文化的代名词。后来，中国的家训通过书信、训词和遗嘱等形式传递；再后来，家训又通过制定完整的家规、家约、家范来体现，形成了家庭内部所有成员的行为准则。家训的形式日益丰富。中国的家训内容十分广泛，包括伦理道德的

要求、文化知识的教育、谋生技能的传授、为人处世的告诫等,几乎涉及个人、家庭、社会生活的方方面面。中国的家训文化从一开始就有着明确的指向:一是训导教育子女成人成才,这是家训最基本的一个功能;二是实行家庭的自我控制。为了维护家庭内部的稳定,调整和处理好家庭内部关系,将子女培养成人,使家庭得以承继和绵延,必须要有家庭的内在控制及家庭的自我控制。这种自我控制的一个主要方面,就是通过口头或书面的各种形式的家训来体现,从而起到对子女、对全体家庭成员的教育、引导和约束的作用;三是确立良好的家风。隋朝初年的颜之推在《颜氏家训·治家篇》中说过这样一段话:"夫风化者,自上而行于下者也,自先而施于后者也。"强调了家风引导和家庭中长者、尊者的表率作用的重要性。在近现代,江南钱姓家族人才辈出,若星汉灿烂,这和其先祖制定了《钱氏家训》,钱氏子孙代代相传、恪守不移、形成良好的家风是分不开的。

  中国家训文化源远流长,这些家训文化至今还有值得学习借鉴的内容。周公训子,是一段关于中国家训文化最早又最可信的记载。据《史记·鲁周公世家》记载,西周政权建立以后,遍封功臣,建立诸侯国。周武王之弟周公旦,受封于鲁国。周公旦由于要留在京城辅佐侄子周成王,不能就封,就让自己的儿子伯禽就封于鲁。伯禽临行之前,"周公戒伯禽曰:'我文王之子,武王之弟,成王之叔父,我于天下亦不贱矣;然我一沐三捉发,一饭三吐哺,起以待士,犹恐失天下之贤人。子之鲁,慎无以国骄人。'"

  孔子第十一代孙孔藏做《诫子书》,用来告诫后人要品行端正、脚踏实地、循序渐进,不可妄想一步登天。"人之进退,惟问其志。取必以渐,勤则得多。山溜至柔,石为之穿。蝎虫至弱,木为之弊。夫溜非石之凿,蝎非木之钻,然而能以微脆之形,陷坚钢之体,岂非积渐夫溜之致乎?训曰:'徒学知之未可多,履而行之乃足佳。'故学者所以饰百行也"。

  东汉将军马援的侄子马严、马敦平时喜讥评时政、结交侠客,很令他担忧,虽远在交趾军中,还是写了《马援诫兄子严敦书》这封情真意切的信。马援针对两个侄子喜欢议论别人,爱结交轻薄侠客的弱点,以自己平生的经验指导他们如何为人处世。"吾欲汝曹闻人过失如闻父母之名,耳可得闻,口不可得言也。好论议人长短,妄是非正法,此吾所大恶也,宁死,不愿闻子孙有此行也。汝曹知吾恶之甚矣,所以复言者,施衿结缡,申父母之戒,欲使汝曹不忘之耳。龙伯高敦厚周慎,口无择言,谦约节俭,廉公有威.吾爱之重之,愿汝曹效之。杜季良豪侠好义,忧人之忧,乐人之乐,清浊无所失。父丧致客，数郡毕至。吾爱之重之，不愿汝曹效也。效伯高不得，犹为谨敕之士，所谓刻鹄不成尚类鹜者也。效季良不得，陷为天下轻薄子，所谓画虎不成反类狗者也。讫今季良尚未可知，郡将下车辄切齿，州郡以为言，吾常为寒心，是以不愿子孙效也。"

诸葛亮为了教育后代，写下《诫子书》，"夫君子之行，静以修身，俭以养德。非淡泊无以明志，非宁静无以致远。夫学须静也，才须学也。非学无以广才，非静无以成学。慆慢则不能研精，险躁则不能理性。年与时驰，意与日去，遂成枯落，多不接世。悲守穷庐，将复何及！"

曾国藩被誉为成功教子名人，他临终前为儿子纪泽写下的遗训，被后人称为《诫子书》。他认为持家教子主要应注意以下十事：一、勤理家事，严明家规。二、尽孝悌，除骄逸。三、以习劳苦为第一要义。四、居家之道，不可有余财。五、联姻"不必定富室名门"。六、家事忌奢华，尚俭。七、治家八字：考、宝、早、扫、书、疏、鱼、猪。八、亲戚交往宜重情轻物。九、不可厌倦家常琐事。十、择良师以求教。

这些传统家训文化所蕴含的丰富思想，对于新时代家庭文化建设具有重要的借鉴价值。

2. 创新性发展和创造性转化中国传统家训文化

中国传统家训文化是中国传统文化的重要内容，是新时代和谐家庭建设的重要文化资源。传承和弘扬中国传统家训文化，要立足于新时代中国家庭发展的实际，结合《新时代公民道德建设实施纲要》和《新时代爱国主义实施纲要》的内容，融入新的时代元素，创新性发展和创造性转化中国传统家训文化，紧密结合培育和弘扬社会主义核心价值观，发扬光大中华民族传统家庭美德，让美德厚植于每个家庭，在中国传统家训文化中融入社会主义核心价值观的内容，形成新时代的家训文化。

第四节　发挥妇联组织在和谐家庭建设中的重要作用

推动和谐家庭建设是一个系统的社会工程，既需要家庭成员自觉地努力，也需要党和政府及社会组织有计划地推动。妇联组织是中国共产党领导下的人民团体，是党和政府联系妇女群众的桥梁和纽带，是国家政权的重要社会支柱。家庭既是妇联组织的传统工作领域，也是妇联组织的优势工作领域，推动和谐家庭建设是妇联组织的重要任务和重要职责。

一、推动和谐家庭建设是妇联组织的重要任务和重要职责

1949年3月24日,中国妇女第一次全国代表大会隆重开幕,1949年4月1日大会通过《中华全国妇女民主联合会章程》。《章程》历经各届全国妇女代表大会修改,于2013年10月31日中国妇女第十一次全国代表大会再次部分修改通过《中华全国妇女联合会章程》,2018年11月2日中国妇女第十二次全国代表大会修改通过《中华全国妇女联合会章程》,新修改的《章程》对全国妇联的任务做了明确规定:"注重发挥妇女在社会生活和家庭生活中的独特作用,为中国特色社会主义伟大实践作贡献","营造有利于妇女全面发展的社会环境","组织开展家庭文明创建,支持服务家庭教育,传承中华民族家庭美德,树立良好家风,推动形成家庭文明新风尚"均是全国妇联的工作任务,也是各级妇联组织的工作任务。赵乐际代表党中央在《新时代征程中谱写半边天壮丽篇章——在中国妇女第十二次全国代表大会上的致词》中指出,"要发挥妇联组织开展家庭工作的独特优势,注重家庭、注重家教、注重家风,大力推进家庭文明建设,以好的家风支撑起好的社会风气"。全国人大常委会副委员长、全国妇联主席沈跃跃在《高举旗帜开拓进取团结带领妇女为夺取新时代中国特色社会主义伟大胜利而努力奋斗——在中国妇女第十二次全国代表大会上的闭幕词》中指出,"我们要注重家庭家教家风,团结带领妇女大力弘扬和践行社会主义核心价值观"。妇女十二大,选举产生了新一届全国妇联领导班子,习近平在同全国妇联新一届领导班子成员集体谈话并发表重要讲话时指出,"做好家庭工作,发挥妇女在社会生活和家庭生活中的独特作用,是妇联组织服务大局、服务妇女的重要着力点。要注重家庭、注重家教、注重家风,认真研究家庭领域出现的新情况新问题,把推进家庭工作作为一项长期任务抓实抓好。要坚持以社会主义核心价值观为统领,引导妇女既要爱小家,也要爱国家,带领家庭成员共同升华爱国爱家的家国情怀、建设相亲相爱的家庭关系、弘扬向上向善的家庭美德、体现共建共享的家庭追求,在促进家庭和睦、亲人相爱、下一代健康成长、老年人老有所养等方面发挥优势、担起责任。要引导妇女带动家庭成员,发扬尊老爱幼、男女平等、夫妻和睦、勤俭持家、邻里团结等中华民族传统美德,抵制歪风邪气,弘扬清风正气,以好的家风支撑起好的社会风气。要帮助妇女处理好家庭和工作的关系,做对社会有责任、对家庭有贡献的新时代女性。要引导妇

女发扬爱国奉献精神,自尊自信自立自强,以行动建功新时代,以奋斗创造美好生活,在祖国改革发展的伟大事业中实现自身发展,在人民创造历史的伟大奋斗中赢得出彩人生"。

家庭是妇联组织的传统工作和优势领域,也是妇女最具影响力的社会领域。弘扬中华民族家庭美德、培育良好家风,以好的家风支撑起好的社会风气,最大限度把家庭领域向上向善因子激发出来、传递下去,是妇联组织肩负的重要职责。做好新时期家庭工作是妇联组织落实国家治理现代化战略布局的必然要求。家庭工作是党中央赋予妇联组织的神圣职责。沈跃跃指出:"家庭工作是党政有要求、妇女群众有需要、妇联组织能作为的工作领域,妇联组织要按照中央要求,从促进家庭思想道德建设、家庭教育、家庭服务入手,继续探索做好家庭工作、促进家庭幸福和谐的新载体新品牌。"

二、妇联组织对和谐家庭建设的推动

家庭工作在妇联全局工作中具有独特的重要位置。妇联组织自建立以来就重视家庭建设,不断与时俱进、开拓创新,围绕不同时期党和国家的中心任务开展家庭工作,妇联组织与家庭建设之间有高度的互动关系。全国妇联自成立以来,始终将家庭工作作为妇联工作的重要内容,围绕党和国家工作大局,立足妇联组织职能定位确定家庭工作任务,不断推动家庭工作创新发展,在促进家庭文明建设方面发挥了独特作用,采取有效措施服务家庭发展。在社会主义革命和建设时期,全国妇联从发动妇女参加国家建设这一中心任务出发,把帮助妇女解决抚育子女及家务劳动负担、发展家庭福利事业作为家庭工作重点。改革开放后召开的中国妇女五大和中国妇女六大都把家庭工作作为妇女工作的突出方面,将改进家庭教育、发展托幼事业、开展"五好家庭"评选活动确立为家庭工作重点任务。中国妇女七大确立了将精神文明建设深入到亿万家庭的任务,中国妇女八大将"五好文明家庭"创建确立为妇联组织三大主体活动之一,中国妇女九大提出了打造"五好文明家庭创建"活动为妇联家庭工作特色品牌的目标,积极开展"绿色家庭"创建活动,中国妇女十大将开展各类特色家庭创建活动、推进家庭教育作为主要家庭工作任务。进入新时代,为了贯彻落实习近平总书记关于"三个注重"重要指示精神以及妇联组织要把推进家庭工作作为一项长期任务抓实抓好的要求,全国妇联将家庭工作确立为妇联组织重要任务。中国妇女十一大、十二大明确提出要做好家庭工作,发挥妇女在社会生活和家庭生活方面的独特作用,发挥妇女在弘扬中华民族家庭美德、树立良好家风方面的独特作用,将深化"五好文明家庭""平安家庭""绿色家庭"创建活动,寻找"最美家庭"活动。2019年,全国妇联组织实施"家家幸福安康工程",以家庭文明、家庭教育、家庭服务、家庭研究为重点,全面统筹和创新推进家庭工作。①

妇联组织引导妇女发挥独特优势,推进文明家庭建设,提高妇女家庭地位,促进家庭领域性别平等,家庭是实现男女平等的基石。妇联组织以妇女和家庭发展为切入点,加强家庭领域社会主义核心价值观教育,传播家庭美德,树立良好家风。家庭和谐、性别平等是社会主义核心价值观的应有之义。发挥妇女在家风传承方面的独特作用,是中央交给妇联组织的重要任务。对良好家风的传承就是对中华民族的传统文化和传统美德的传承。家风是家庭建设的重要组成部分,家风建设与妇联工作紧密相连。各级妇联组织应当准确把握家风建设与妇联家庭工作的结合点和切入点,切实肩负起倡导良好家风家教、践行社会主义核心价值观的重要职责。注重和充分发挥妇女在家风建设中不可替代的作用,使广大妇女成为良好家风的传承者、建设者、宣传者,成为社会主义核心价值观的真正承载者、体现者和践行者,成为慈母、孝女、贤妻,具有"四自"精神,为继承和弘扬中华民族优秀文化贡献力量。各级妇联组织要引导广大妇女努力成为引领道德风尚的新女性,积极构建和谐文明好家风。女性在维系家庭中起着核心作用,在创建和谐家庭的过程中,各级妇联组织注重充分调动妇女参与的积极性。

三、妇联组织要充分发挥在传承和弘扬中华优秀传统文化中的重要作用

中国共产党从成立之日起,就是中国工人阶级的先锋队,同时是中国人民和中华民族的先锋队。党的"两个先锋队"性质决定了中国共产党既是中华民族优秀传统文化的忠实传承者和弘扬者,又是中国先进文化的积极倡导者和发展者。中华优秀传统文化从衰微走向重振,是从马克思主义传入中国开始的,是以马克思主义理论为武器的中国共产党人启动的。妇联组织是党和国家联系妇女群众的桥梁和纽带,所以,传承和弘扬中华优秀传统文化也是妇联组织的重要任务。家庭是最基本的生活单位和教育单位,2014年3月,教育部印发的《完善中华优秀传统文化教育指导纲要》指出,"充分发挥家庭在中华

---

① 倪婷、姜秀花:《70年妇联组织家庭工作历史考察》,载《中国妇运》2019年第5期。

传统文化教育中的重要作用","坚持学校教育、家庭教育、社会教育相结合。既要发挥学校主阵地作用,又要加强家庭、社会与学校之间的配合,形成教育合力","中华优秀传统文化是中华民族语言习惯、文化传统、思想观念、情感认同的集中体现,凝聚着中华民族普遍认同和广泛接受的道德规范、思想品格和价值取向,具有极为丰富的思想内涵"。2018年11月2日,中国妇女第十二次全国代表大会部分修改通过《中华全国妇女联合会章程》,《章程》规定了"弘扬中华优秀文化"是妇联组织的任务。家庭是妇联组织的传统和优势工作领域,妇联组织以妇女为主体,充分发挥家庭在中华优秀传统文化教育传承中的重要作用,推动文明家庭建设。中华优秀传统文化蕴含着中华民族传统家庭美德,弘扬中华优秀传统文化有助于改善家庭的人际关系状况,形成良好家教,有助于发挥妇女在树立良好家风,弘扬中华民族家庭美德方面的独特作用。

妇联组织要充分发挥在传承和弘扬中华优秀传统文化中的重要作用,要处理好三个关系,做到三个结合。首先,要把弘扬中华优秀传统文化与落实男女平等基本国策结合起来。长期以来存在着一个认识误区,认为中国传统文化中没有男女平等的思想,弘扬中华优秀传统文化与落实男女平等基本国策是相矛盾的。其实中华优秀传统文化中蕴含着丰富的男女平等思想,如儒家的"仁者爱人"、"己所不欲勿施于人",墨家的"兼爱",老子的"天地不仁,以万物为刍狗",庄子完整地阐述了自由与平等思想,李贽旗帜鲜明地提出男女平等的主张,这些思想丰富了男女平等的内涵,弘扬中华优秀传统文化有助于男女平等基本国策更好地落实,弘扬中华优秀传统文化与落实男女平等基本国策是相得益彰的。其次,要把弘扬中华优秀传统文化与弘扬"四自"精神结合起来,中华优秀传统文化中蕴含着"四自"精神的因子,如"天行健,君子以自强不息"等,弘扬中华优秀传统文化能够丰富"四自"精神的内涵。最后,要把弘扬中华优秀传统文化与弘扬社会主义核心价值观结合起来,在和谐家庭建设中培育和弘扬社会主义核心价值观。

第五节 发挥妇女在和谐家庭建设中的"独特作用"

《周易·序卦》曰:"有天地然后有万物,有万物然后有男女,有男女然后有夫妇。"《周易》从天道与人性的角度阐述了男女通过婚姻组成家庭的过程,"有夫妇然后有家庭",婚后生育,家庭规模扩大。"夫妇之道,不可以不久也,故受之以恒。恒者,久也。"做夫妇的道理不可以不长久,因而以《恒》卦来接续。恒,就是长久。《周易·家人·彖》曰:"家人,女正位乎内,男正位乎外。男女正,天地之大义也。家人有严君焉,父母之谓也。父父、子子,兄兄、弟弟,夫夫、妇妇,而家道正。正家,而天下定矣。"家人卦,是说女人应该以主持家务为正经事,男人应该以管理外部的事务为正经事。确定男人与女人各自的职责,那是天经地义的根本。家中尊严的主人,就是指父母而说的。父亲要有父亲样,儿子要有儿子样,兄长要有兄长样,弟弟要有弟弟样,丈夫要有丈夫样,妻子要有妻子样,这样一来为家之道就能端正了。为家之道端正了,天下也就安定了。"男主外,女主内"成为中国传统文化所提倡的理想型的家庭性别分工模式,家务事要由妇女来主持,妇女是家庭生活中实际上的"主人",从这个意义上说,妇女在家庭生活中发挥着独特作用。

近代以来,由于受西方列强的侵略,中国由一个封建的社会逐渐转变为半殖民地半封建的社会。在救亡图存的探索中,中国的先进分子在不断探索着实现国家富强道路的同时,也不断追寻着中国之所以落后挨打的原因。在经过理论与实践的不断探索之后,最后把中国落后的根源归结为文化问题与妇女问题。以儒家为代表的中国传统文化被贴上落后的标签,西方文化被贴上先进的标签,先进取代落后是合乎逻辑的,中国传统文化被批判,西力东渐,文化自信失落。"女正位乎内,男正位乎外"的性别分工模式被认为是对妇女的压迫,是导致中国落后的根源之一,妇女要从家庭中解放出来,走出家庭,走向社会,和男子一样接受新式的学校教育,把占人口总数一半的妇女的才智开发出来,国家的实力就会相应地增强一半。来自西方文化语境中的男女平等成为时代发展不可逆转的潮流,源于中国文化语境中的"女正位乎内"的观念由于与源于西方文化语境中的男女平等观念在逻辑上所宣称的不一致而被认为是错误的,并把"女正位乎内"简单地理解为是把妇女束缚在家庭内部,妇女在家庭生活中的独特作用被淡化。

一、发挥妇女两个"独特作用"的提出

党和国家一直重视发挥妇女在革命、建设和改革中的重要作用,积极推动男女平等的实现,把男女平等作为基本国策,并分别写进党的十八大和十九大报告中。党和国家也一直重视家庭建设,并重视发挥妇女在家庭建设中的重要作用。党的十八大后，习近平总书记明确提出了要注重发挥妇女在社会生活和家庭生活中的独特作用。2013年10月31日，习近平在同全国妇联新一届领导班子成员集体谈话时指出："要注重发挥妇女在弘扬中华民族家庭美德、树立良好家风方面的独特作用。"2018年11月2日习近平在同全国妇联新一届领导班子成员集体谈话时指出："做好家庭工作，发挥妇女在社会生活和家庭生活中的独特作用。"

二、发挥妇女两个"独特作用"的科学内涵及其具体表现

根据《现代汉语词典》的释义，"独特"就是"独有的、特别的"意思。"要注重发挥妇女在弘扬中华民族家庭美德、树立良好家风方面的独特作用"，"发挥妇女在家庭生活和社会生活中的独特作用"，实际上就是"要注重发挥妇女在弘扬中华民族家庭美德、树立良好家风方面独有的、特别的作用"，"发挥妇女在家庭生活和社会生活中独有的、特别的作用"。由于男女两性是社会生活和家庭生活中两个主要的性别，所以发挥妇女在社会生活和家庭生活中的独特作用是相对于男子而言的，妇女要发挥出独有的、特别的性别优势和角色优势。从社会学角度看，家庭是一个以依靠姻缘和血缘关系维系的初级群体，每个家庭成员都扮演着不同角色，每个角色都是独特的，每个角色的功能是有差异的，女性在家庭中依次扮演着女儿、妻子、母亲（婆婆、岳母）等不同角色，男性则依次扮演着儿子、丈夫、父亲（公公、岳父）等不同角色。妇女通过扮演好自己的家庭角色而在家庭生活中发挥出独特作用。当然，男子也要在家庭生活中扮演好自己的角色，发挥好自己的重要作用。发挥妇女在家庭生活中的独特作用，发挥妇女在弘扬中华民族家庭美德和树立良好家风方面的独特作用主要体现在日常生活中和睦家庭关系的维系、孩子的教养以及家庭养老等方面。

妇女在和睦家庭关系的维系中发挥着独特作用。中国传统社会是一个以农耕文明为主的社会，从夫居和从妻居是两种主要的婚居模式，以从夫居为主。从夫居就是结婚后女子到男子家居住，女子不改名换姓，但是生的孩子随父姓。从妻居就是结婚后男子到女子家居住，男子改名换姓，改随女子家的姓，并按照女子家的辈分重新起名，生的孩子也随女子家的姓，男子的角色从女婿变成了儿子，女子的角色则是女儿兼儿媳妇。从男子入赘到女子家中改名换姓，并替代女子家延续子嗣香火的角度讲，从妻居是一种变相的从夫居。直至今日，从夫居仍然是中国社会主要的婚居模式。在从夫居这种婚居模式中，女

子在男子家生活，女子扮演着妻子和儿媳妇等角色，女子婚后角色变化大，是依靠姻缘关系维系着和家庭成员之间的关系，而男子依然生活在自己的原生家庭中，扮演着儿子和丈夫等角色，角色变化不大，除了和妻子是依靠姻缘维系着婚姻关系以外，和其他家庭成员基本是靠血缘关系维系着亲情关系。姻缘不同于血缘，这是不争的事实，所以，在维系和睦的家庭关系，树立良好家风和弘扬中华民族家庭美德中，妇女的作用是独特的。

妇女在孩子的教养中发挥着独特作用。由于男女两性的生理差异，孩子是由母亲所出，在孩子的成长过程中父母的作用都很重要，但是在孩子处于婴幼阶段的时候，孩子对母亲的依赖远远要超过对父亲的依赖，正如一句谚语所言"有妈的孩子像个宝，没妈的孩子像根草"，所以母亲对孩子的成长所发挥的作用是独特的，孩子良好品德和良好行为的形成与母亲的言传身教有极大的关系。中国的孔子、孟子、陶侃、欧阳修等都是早年丧父，母亲独自一人在艰难困苦的环境中把孩子培养成国家的栋梁之才。古希腊哲学家苏格拉底也是早年丧父，他的母亲把他养大成人，他学术思想的某些内容受其母亲很大的影响。

妇女在家庭养老中发挥着独特作用。人都有生老病死，养老是每个家庭都必须面对的问题，由于受历史文化传统和经济条件的制约，居家养老仍然是中国主要的养老模式。根据《中华人民共和国宪法》《中华人民共和国民法通则》《中华人民共和国婚姻法》《中华人民共和国继承法》《中华人民共和国老年人权益保护法》等相关法律的规定，成年子女有赡养扶助年老父母的法定义务，儿媳妇没有赡养年老公婆的法定义务，公婆也没有抚养儿媳妇的法定义务，儿媳妇与公婆之间是一种姻缘关系，且彼此之间不存在法定的抚养与赡养关系。由于家庭是最基本的生活单位，在实际的家庭养老中，是以家庭为单位，实质上是夫妻共同承担着赡养年老父母的义务，特别是在中国的农村地区，以家庭为单位承担的往往是赡养丈夫年老父母的义务，而不是赡养妻子父母的义务。在丈夫外出务工或从事非农产业的时候，往往是妻子在替代丈夫履行赡养公婆的义务，同时妻子作为女儿也要履行赡养自己年老父母的义务。妇女以儿媳妇和女儿两种角色履行赡养老人的义务的时候还要考虑到社会舆论的影响，不能厚此薄彼，要平衡娘家和婆家双方的关系。儿媳妇孝敬公婆是中华民族传统家庭美德，受到社区情理和社会风俗的支持，但是缺乏法律依据，这就需要发挥妇女在弘扬中华民族家庭美德和树立良好家风方面的独特作用。反之，如果妇女只是依法履行赡养自己年老父母的义务，而不赡养自己的公婆，这不但会影响家庭关系的和谐，而且会影响良好家风的形成，中华民族的家庭美德不能彰显，更不能传承下去。但是，强调发挥妇女的独特作用，并不是否认男子的重要作用。作为丈夫要理解妻子的角色，要尊重妻子的劳动，同时也要对双方父母尽好自己的孝道。夫妻彼此之间要相互理解，共同履行好赡养双方老人的义务。

三、发挥妇女两个"独特作用"与男女平等基本国策

发挥妇女两个"独特作用"是否与男女平等基本国策相矛盾？发挥妇女两个"独特作用"与男女平等基本国策不矛盾。首先，要准确理解男女平等的科学内涵。之所以会觉得发挥妇女两个"独特作用"与男女平等相矛盾，是因为没有准确理解男女平等的科学内涵，把男女平等庸俗化地理解为男女一样，所以一提发挥妇女的独特作用就认为是男女不平等。男女平等是以承认和尊重男女之间的生理、心理和性别角色等方面的差异为前提的，无论男女不因性别而受到歧视。1975年6月19日—7月2日在墨西哥首都墨西哥城召开了第一次世界妇女大会，发表了《墨西哥宣言》对于男女性别平等做了比较权威的界定，"男女平等，是指男女的人格尊严和价值的平等及男女权利、机会和责任的平等"。2013年10月31日，习近平总书记《在同全国妇联新一届领导班子集体谈话时的讲话》中指出，"要坚定不移走中国特色社会主义妇女发展道路，这是实现妇女平等依法行使民主权利、平等参与经济社会发展、平等享有改革发展成果的正确道路"。2019年9月19日，国务院新闻办公室发布的《平等发展共享：新中国70年妇女事业的发展与进步》中具体阐述了男女平等基本国策的核心要义，"男女平等基本国策是促进妇女与经济社会同步发展、男女两性平等发展、妇女自身全面发展的一项带有长远性和根本性的总政策，其核心要义是重视和发挥妇女在经济社会发展中的主体地位和作用，推动妇女与经济社会同步发展；在承认男女现实差异的前提下倡导男女两性权利、机会和结果的平等，依法保障妇女合法权益；从法律、政策和社会实践各方面消除对妇女一切形式的歧视，构建以男女平等为核心的先进性别文化；将性别平等意识纳入决策主流，切实在出台法律、制定政策、编制规划、部署工作时充分考虑男女两性的现实差异和妇女的特殊利益。"从以上关于男女平等的权威性表述中可以看出，发挥妇女两个"独特作用"与男女平等基本国策并不矛盾。其次，要准确理解发挥妇女两个"独特作用"与男女平等之间的关系。发挥妇女两个"独特作用"并不是否定男女平等，而是在坚持男女平等的前提下，充分发挥妇女的性别优势和角色优势，进一步丰富了男女平等的日常生

活内涵。从社会学的功能主义视角看，在家庭这个初级群体中，每个家庭成员，无论男女都应该是平等的主体，但是每个人在家庭中的角色是不同的，每个家庭角色的功能和作用也是不同的，正是由于这种不同才能发挥功能互补的作用，形成和谐有序的家庭生活秩序，形成良好的家风，传承和弘扬家庭美德。所以，落实男女平等基本国策有助于更好地发挥妇女的两个"独特作用"，发挥妇女的两个"独特作用"有助于更好地落实男女平等基本国策。

四、发挥妇女在和谐家庭建设中的"独特作用"

如何发挥妇女在和谐家庭建设中的"独特作用"？妇女要在家庭生活中充分发挥自己的性别优势，要扮演好自己的性别角色。在中国传统文化中经常把女性比作水，也经常使用"温柔"、"贤惠"、"谦卑"等词汇来表达女性所具有的性别优势。我们存在着两种思维定势，一种思维定势是一提"温柔"、"贤惠"、"谦卑"等词汇就觉得是对女性的歧视，和男女平等相违背。其实这是一种误解，因为"温柔"、"贤惠"、"谦卑"是女性的性别特质，是女性的人格魅力和性别魅力所在，并不是对女性的歧视，具有这样的性别特质并不影响女性和男性具有同样的主体性地位，也就是说并不影响男女平等的实现；一种思维定势是经常把"柔"或"柔弱"等同于"弱势"，其实"柔"或"柔弱"并不等于"弱势"，水"柔弱"但不"弱势"。《老子》阐述了"柔弱"的内涵并且看到了"柔弱"能够战胜坚强的一面，"天下莫柔弱于水，而攻坚强者莫之能胜，以其无以易之。弱之胜强，柔之胜刚，天下莫不知，莫能行"，"天下之至柔，驰骋天下之至坚"，"守柔曰强"。《老子》的"柔弱"观包含着"自强"的思想。"谦卑"也不等同于"低人一等"，《老子》也强调了"谦卑"的重要性，"上善若水，水善利万物而不争。处众人之所恶，故几于道"，"江海之所以能为百谷王者，以其善下之，故能为百谷王"。《周易·坤·象》曰："地势坤，君子以厚德载物。"地的形势，是坤卦的象征。君子观看这一卦，要以宽厚的德行承载万物。《周易·说卦》曰："坤，地也，故称乎母。"《坤》卦是大地、母亲等的象征。母亲要像大地一样，以自己宽厚的德行承载、包容着一家人。"温柔"、"贤惠"、"谦卑"的女性能够赢得家人的尊重，能够和睦家人，在树立良好家风和弘扬中华民族家庭美德方面发挥着独特作用。

女性的性别优势是通过在家庭生活中所扮演的角色体现出来的。女性在自己的家庭生活中要不断经历角色的变化,在自己的原生家庭是女儿的角色;结婚后,除了继续扮演女儿的角色外,还增加了妻子、儿媳妇的角色;生育孩子以后,又增加了母亲的角色;随着子孙后代的繁衍和家庭规模的扩大,又要增加婆婆(岳母)的角色,甚至还要扮演祖母(外祖母)的角色。女性在家庭生活中演扮演好自己的角色,对于家人的和睦和家庭关系的和谐具有重要的作用。孝女、贤妻、良母是女性所扮演家庭角色的理想型。近代以来,曾经错误地认为女性在家庭生活中扮演孝女、贤妻、良母的角色是对女性的束缚,不利于妇女解放和妇女发展,也不利于男女平等的实现。其实,这也是一种误解。女性在家庭生活中扮演好孝女、贤妻、良母的角色与男女平等、妇女解放和妇女发展并不矛盾。2013年10月28日,王岐山《在中国特色社会主义伟大实践中撑起半边天——在中国妇女第十一次全国代表大会上的祝词》中指出:"慈母、孝女、贤妻对促进家庭和美、社会和谐发挥着不可替代的作用。"

中国历史上有很多女性成功地扮演了孝女、贤妻、良母的家庭角色,或者是凭着自己的智慧营救了自己的父亲免受刑戮,或者是成功地化解了家庭危机,在树立良好家风和弘扬中华民族家庭美德方面发挥了独特作用。她们的事迹载入史册,成为后世女性学习的榜样。

缇萦是历史上典型的孝女,她凭借自己的智慧和勇气不但营救了自己的父亲,尽到了女儿的职责,而且感化了皇帝,废除了肉刑,推动了社会文明的发展。《列女传·辩通传·齐太仓女》载:

> 齐太仓女者,汉太仓令淳于公之少女也,名缇萦。淳于公无男,有女五人。孝文皇帝时,淳于公有罪当刑。是时肉刑尚在,诏狱系长安,当行会逮,公骂其女曰:"生子不生男,缓急非有益。"缇萦自悲泣,而随其父至长安,上书曰:"妾父为吏,齐中皆称廉平,今坐法当刑。妾伤夫死者不可复生,刑者不可复属,虽欲改过自新,其道无由也。妾愿入身为官婢,以赎父罪,使得自新。"书奏,天子怜悲其意,乃下诏曰:"盖闻有虞之时,画衣冠,异章服,以为戮,而民不犯,何其至治也?今法有肉刑五,而奸不止,其咎安在?非朕德薄而教之不明欤?吾甚自媿。夫训道不纯,而愚民陷焉。诗云:'恺悌君子,民之父母。'今人有过,教未施,而刑已加焉。或欲改行为善,而其道无繇。朕甚怜之。夫刑者至断支体,刻肌肤,终身不息,何其痛而不德也!岂称为民父母之意哉!其除肉

刑。"自是之后，凿颠者髡，抽胁者笞，刖足者钳。淳于公遂得免焉。君子谓：缇萦一言发圣主之意，可谓得事之宜矣。诗云："辞之怿矣，民之莫矣。"此之谓也。颂曰：缇萦讼父，亦孔有识，推诚上书，文雅甚备，小女之言，乃感圣意，终除肉刑，以免父事。

乐羊子妻以自己的智慧和高尚品德教化了不思进取的丈夫，也教化了贪图小利的婆婆，在树立了良好的家风和弘扬家庭美德方面发挥了独特作用。《后汉书》载：

> 河南乐羊子之妻者，不知何氏之女也。羊子尝行路，得遗金一饼，还以与妻。妻曰："妾闻志士不饮'盗泉'之水，廉者不受嗟来之食，况拾遗求利，以污其行乎！"羊子大惭，乃捐金于野，而远寻师学。一年来归，妻跪问其故，羊子曰："久行怀思，无它异也。"妻乃引刀趋机而言曰："此织生自蚕茧，成于机杼。一丝而累，以至于寸，累寸不已，遂成丈匹。今若断斯织也，则捐失成功，稽废时日。夫子积学，当'日知其所亡'，以就懿德；若中道而归，何异断斯织乎？"羊子感其言，复还终业，遂七年不返。尝有它舍鸡谬入园中，姑盗杀而食之，妻对鸡不餐而泣。姑怪问其故。妻曰："自伤居贫，使食有它肉。"姑竟弃之。后盗欲有犯妻者，乃先劫其姑。妻闻，操刀而出。盗人曰："释汝刀从我者可全，不从我者，则杀汝姑。"妻仰天而叹，举刀刎颈而死。盗亦不杀其姑。太守闻之，即捕杀贼盗，而赐妻缣帛，以礼葬之，号曰"贞义"。

卓文君以自己的贤德加上过人的修养挽救了自己的婚姻和幸福。司马相如进京五年后的一天，京城的差官交给了卓文君一封信并说大人吩咐，立等回文。卓文君又惊又喜，拆开信一看，只见大白纸上寥寥写着"一二三四五六七八九十百千万"这么一行。卓文君一下子就明白了，当了新贵的丈夫花了心，而且有弃她之意，这是故意来刁难她的。卓文君悲愤交加，当即写了回信交给差官。司马相如本以为那一行数字足以难倒卓文君，正做着另娶新欢的美梦，不想回信如此神速，赶忙拆开一看，傻眼了，原来卓文君巧妙地将信上的数字先顺后倒地连成了一首既情意缠绵又正气浩然的血泪诗：

一别之后，二地相悬，只说三四月，又谁知五六年。七弦琴无心弹，八行书无可传，九连环从中折断，十里长亭望眼欲穿。百相思，千系念，万般无奈把郎怨。万语千言说不完，百般聊赖十依栏。重九登高看孤雁，八月仲秋月圆人不圆。七月半烧香秉烛问苍天。六月伏天人人摇扇我心寒。五月石榴如火偏遇阵阵冷雨浇花端，四月琵琶未黄我欲对镜心意乱。忽匆匆，三月桃花随月转。飘零零，二月风筝线儿断，噫！郎呀郎，巴不得下一世你为女我作男。

司马相如读后十分羞愧，深知对不起这位才华出众、多情多意的妻子，终于用高车驷马，亲自登门迎接卓文君，从此夫妻恩爱。

宋末元初的书法家赵孟頫和妻子管道升感情一直很好，但是赵到了四十几岁的时候却有些移情别恋，想纳妾了。管道升写了一首词给他，实际上是提醒他不要忘记夫妻昔日的恩情，赵读了后大为惭愧，遂中止纳妾的想法。

傻俊角，我的哥！和块黄泥捏咱两个。捏一个儿你，捏一个儿我，捏的来同床上歇卧。将泥人儿摔碎，着水儿重和过，再捏一个你，再捏一个我；哥哥身上有妹妹，妹妹身上也有哥哥。

孟母不但是一位伟大的母亲，也是一位伟大而开明的婆婆。众所周知，在家庭生活中，婆媳之间的矛盾是一个难解的题，因为婆媳之间的矛盾造成了很多的家庭悲剧。陆游与小婉之间由于母亲的干涉而不得不分手，《孔雀东南飞》中所讲的焦仲卿和妻子之间的悲剧也是因婆婆而生。孟母深明大义、是非分明、知书达理，在儿子无端责怪妻子的时候，能够判明是非，不偏袒儿子，既维护了儿媳妇的尊严，又教育了儿子，既维护了儿子和妻子之间的和谐关系，又维护了家庭的团结。孟母在树立良好家风和弘扬家庭美德方面发挥了独特作用。《列女传》载：

邹孟轲之母也。号孟母。其舍近墓。孟子之少也，嬉游为墓间之事，踊跃筑埋。孟母曰："此非吾所以居处子也。"乃去。舍市傍。其嬉戏为贾人炫卖之事。孟母又曰："此非吾所以居处子也。"复徙。舍学官之傍。其嬉游乃设俎豆揖让进退。孟母曰："其可以居吾子矣。"遂居之。及孟子长，学六艺，卒成大儒之名。君子谓孟母善以渐化。诗云："彼姝者子，何以予之？"此之谓也。孟子之少也，既学而归，孟母方绩，问曰："学何所至矣？"孟子曰："自若也。"孟母以刀断其织。孟子惧而问其故，孟母曰："子之废学，若吾断斯织也。夫君子学以立名，问则广知，是以居则安宁，动则远害。今而废之，是不免于厮役，而无以离于祸患也。何以异于织绩而食，中道废而不为，宁能衣其夫子，而长不乏粮食哉！女则废其所食，男则堕于修德，不为窃盗，则为虏役矣。"孟子惧，旦夕勤学不息，师事子思，遂成天下之名儒。君子谓孟母知为人母之道矣。诗云："彼姝者子，何以告之？"此之谓也。孟子既娶，将入私室，其妇袒而在内，孟子不悦，遂去不入。妇辞孟母而求去，曰："妾闻夫妇之道，私室不与焉。今者妾窃堕在室，而夫子见妾，勃然不悦，是客妾也。妇人之义，盖不客宿。请归父母。"于是孟母召孟子而谓之曰："夫礼，将入门，问孰存，所以致敬也；将上堂，声必扬，所以戒人也；将入户，视必下，恐见人过也。今子不察于礼，而责礼于人，不亦远乎！"孟子谢，遂留其妇。君子谓孟母知礼，而明于姑母之道。孟子处齐，而有忧色。孟母见之曰："子若有忧色，何也？"孟子曰："不敏。"异日闲居，拥楹而叹。孟母见之曰："乡见子有忧色，曰不也，今拥楹而叹，何也？"孟子对曰："轲闻之：君子称身而就位，不为苟得而受赏，不贪荣禄。诸侯不听，则不达其上。听而不用，则不践其朝。今道不用于齐，愿行而母老，是以忧也。"孟母曰："夫妇人之礼，精五饭，幂酒浆，养舅姑，缝衣裳而已矣。故有闺内之修，而无境外之志。易曰：'在中馈，无攸遂。'诗曰：'无非无仪，惟酒食是议。'以言妇人无擅制之义，而有三从之道也。故年少则从乎父母，出嫁则从乎夫，夫死则从乎子，礼也。今子成人也，而我老矣。子行乎子义，吾行乎吾礼。"君子谓孟母知妇道。诗云："载色载笑，匪怒匪教。"此之谓也。

颂曰：孟子之母，教化列分，处子择艺，使从大伦，子学不进，断机示焉，子遂成德，为当世冠。

像这样的例子，还有很多。这不但有助于我们深刻理解发挥妇女在家庭生活中，在树立良好家风和弘扬中华民族家庭美德方面的独特作用的内涵，而且对于新时代妇女在家庭生活中，在树立良好家风和弘扬中华民族家庭美德方面发挥独特作用具有借鉴价值，当然，要对其赋予新的时代内涵。

第六节　《周易·家人卦》对和谐家庭建设的价值与启示

《周易》是"群经之首，大道之源"，是中国文化之根本。"《易》与天地准，故能弥纶天地之道"。《易经》本于天地的标准，因而能统摄天地的道理。家庭是人类社会的基本单位，"有天地然后有万物，有万物然后有男女，有男女然后有夫妇，有夫妇然后有父子"。有了夫妇、父子就成了一个完整意义上的家。一家八口，三男三女，男女平等，其乐融融。《周易·说卦》说："乾，天也，故称乎父；坤，地也，故称乎母。震，一索而得男，故谓之长男；巽，一索而得女，故谓之长女。坎，再索而得男，故谓之中男；离，再索而得女，故谓之中女。艮，三索而得男，故谓之少男；兑，三索而得女，故谓之少女。"意思是说，乾象天，所以称为父；坤象地，所以称为母；震是坤向乾第一次索取的结果，因而成为长男；巽是乾第一次向坤索取的结果，因而成为长女；坎是坤再次向乾索取的结果，因而称为中男；离是乾向坤再次索取的结果，因而称为中女；艮是坤向乾第三次索取的结果，因而称为少男；兑是乾向坤第三次索取的结果，因而称为少女。在这个典型的八口之家中，成员的关系是分层有序组成的，这其实直接影响了中国人的家庭伦理道德思维。《咸》卦是讲男女相互感应而成为夫妇，成为人伦之始；《恒》卦讲的是男女婚后之事，认为少男少女因交感而结婚是天地之常道，夫妇之道是要恒常而不变的；《家人》卦则是阐释夫妇组成家庭后怎样来治家的，并由家庭谈到了家庭与社会或政治的关系，从修身齐家一直到治国平天下。《家人》卦主要论述了和谐家庭观，家庭和谐的基石是严格的家教和良好的家风。

一、《周易·家人卦》的内容

《家人》：利女贞。

《彖》曰：家人，女正位乎内，男正位乎外。男女正，天地之大义也。家人有严君焉，父母之谓也。父父，子子，兄兄，弟弟，夫夫，妇妇，而家道正。正家而天下定矣。

《象》曰：风自火出，家人。君子以言有物而行有恒。

初九，闲有家，悔亡。

《象》曰："闲有家"，志未变也。

六二，无攸遂，在中馈，贞吉。

《象》曰：六二之吉，顺以巽也。

九三，家人嗃嗃，悔厉吉；妇子嘻嘻，终吝。

《象》曰："家人嗃嗃"，未失也。"妇子嘻嘻"，失家节也。

九四，富家，大吉。

《象》曰："富家大吉"，顺在位也。

九五，王假有家，勿恤，吉。

《象》曰："王假有家"，交相爱也。

上九，有孚威如，终吉。

《象》曰：威如之吉，反身之谓也。

"《家人》指的是家族成员，亦即家族的管理问题。家，这里指家族。当时的贵族基本是聚族而居，以家族为基本单位，不同于秦汉开始普遍出现的小家庭。家族成员较多，如何有效地进行管理，是当时社会的重要问题，因此，设立专卦予以解说。"① 家庭是人的自然属性与社会属性的结合点，家庭关系既是人类最初的伦理关系形式，又是社会人伦关系的缩影。人类社会自家庭出现以来，如何定位男女在家庭中的角色、地位及其相互关系等便成为我们大至国家、小至个人所不能回避的问题，也是我们人类在生产生活等方面所必须回应的问题，这是构建有序社会、有序家庭、有序男女关系的前提。《周易·家人》卦从初九到六四，皆谈治家及夫妇在家庭中的分工；而从九五到上九，则延展至社会或政治，显然已经不再限于治家。《家人》卦中蕴含着修身、齐家、治国、平天下的儒家"内圣外王"的思想。

1. 家庭成员要扮演好自己的角色，各守其位，各安其分

"夫妻各守其本位，严于律己，正人正己，家庭成员之间和睦共处，相亲相爱，这是《周易》的基本家庭观念。"② "父父，子子，兄兄，弟弟，夫夫，妇妇，而家道正"。家庭各成员人各有位、各顺其位、各安其位，父亲、妻

---

① 李炳海：《周易古经注解考辨》，华夏出版社 2017 年版，第 238 页。

② 张立文、莫艮：《和境——易学与中国文化》，人民出版社 2005 年版，第 130 页。

子、兄弟每个人都有自己的家庭定位,并发挥各自的作用,这是治家之道。男女均担负有家庭建设的职责,男主人通过制定严格的家规和家纪来约束家庭成员,并自己带头遵守家规,起榜样示范作用,带动全家形成良好家风。女主人是家规家纪的具体执行者,在男女相互配合中形成良好的家风。

2. 注重家庭教育,注重家风,防微杜渐,防恶未萌

家庭教育应具有预见性,能够防患于未然。初九小《象》曰:"闲有家",志未变也。王弼认为:"凡教在初,而法在始。家渎而后严之,志变而后志之,则悔矣。处《家人》之初,为家人之始,故宜必有闲家,然后悔亡也。"①《周易·文言·坤》曰:"积善之家,必有余庆;积不善之家,必有余殃。臣弑其君,子弑其父,非一朝一夕之故,其所由来者渐矣,由辩之不早辩也。"善与不善都是长期积累的结果,及早发现处理不善的苗头。孩子最初接受的家庭教化将影响孩子一生的发展。在家庭教育中,要始终秉持"及早施教、防微杜渐"的信念,家庭自然完整和谐。父母是孩子模仿的榜样,家庭教育应当言传身教,而又以身教为重,"君子以言有物而行有恒"。

《家人》卦分别从微观、中观和宏观三个角度系统地解读了家庭教育的重要性。《序卦传》曰:"伤于外者必返于家,故受之以家人。"从微观角度看,家庭是家庭成员的栖息地和心灵的避风港,是孩子接受启蒙教育的第一场域。从中观角度看,齐家是治国的前提,"家齐而后国治",家庭教育关乎国家的命运。从宏观角度看,家庭和睦,家教严正是实现"平治天下的基础,"正家而天下定矣"。

家庭教育的关键在于母亲的教育,母亲在教育中的地位和作用是不言而喻的,母亲在家庭教育中发挥着独特的作用。母亲是孩子的第一任老师,更是孩子终生的导师。《家人》卦首先强调的是母亲的自我教育,母亲需要经常加强自我教育,提高自我修养。高素质的母亲才能教育出高品质的孩子。

3. 诚信威严,相得益彰

"上九,有孚威如,终吉。"治家之道在于诚信、慈爱与威严的有机结合,做到恩威并施,这样家庭才能和睦。对家人过于宽松、一味放纵,其实是对家庭的不负责任,只能有害而无益。如果对于家庭成员一开始就严加管教,是有利无弊的,有利于家庭的和谐,有利于家庭的长治久安。

---

① (魏)王弼撰,楼宇烈校释:《周易注》,中华书局2011年版,第200页。

二、《周易·家人卦》的当代价值

《周易》及其中的《家人》卦在当代对如何建设和谐家庭、建设和谐社会等问题犹有其重要的价值和意义。由于社会政治经济条件的变化，《周易·家人》卦中所昌明的家庭伦理和治家之道与现实生活在表面上存在着相矛盾之处，但并不意味着《家人》卦中的易理思想就此被判定为落后、糟粕。首先，《家人》卦反映了古代社会家庭关系和谐发展的守持之道，其思想有积极、合理的一面；其次，社会发展中出现新问题、新现象，并不意味着《家人》卦中所蕴含的道理失去了解释和解决新问题的能力，应该对《家人》卦中所蕴含的道理进行创新性发展和创造性转化，并赋予新的时代内涵。

参考文献

一、著作

[1]（汉）许慎：《说文解字》，中华书局1963年版，第141页。
[2]（魏）王弼撰，楼宇烈校释：《周易注》，中华书局2011年版，第200页。
[3] 李炳海：《周易古经注解考辨》，华夏出版社2017年版，第238页。
[4] 张立文、莫艮：《和境——易学与中国文化》，人民出版社2005年版，第130页。
[5] 杨伯峻译注：《论语》，中华书局2006年版，第37页。
[6] 万丽华、蓝旭译注：《孟子》，中华书局2006年版，第150页。
[7]《马克思恩格斯选集》第3卷，人民出版社1972年版，第32页。
[8]《马克思恩格斯选集》第4卷，人民出版社2009年版，第33~70页。
[9] 马克思：《摩尔根〈古代社会〉一书摘要》，人民出版社1978年版，第10、25、32、76页。
[10] 摩尔根：《古代社会》，商务印书馆1987年版，第19页。
[11]［德］黑格尔著，范扬、张企泰译：《法哲学原理》，商务印书馆1961年版，第53页。
[12] 费孝通：《乡土中国生育制度》，北京大学出版社1998年版，第24~28页。
[13] 徐扬杰：《中国家族制度史》，武汉大学出版社2012年版，第4、5、32页。
[14] 孙本文：《社会学原理》，商务印书馆1935年版，第441页。
[15] 邓伟志、徐蓉：《家庭社会学》，中国社会科学出版社2001年版，第20、37、38、174、180页。
[16] 罗国杰：《中国伦理学百科全书（婚姻家庭伦理学卷）》，吉林人民出版社1993年版，第111、338页。

［17］《中国大百科全书·社会学卷》，中国大百科全书出版社1991年版，第102页。

［18］洪天慧：《中国和谐家庭建设报告》，社会科学文献出版社2011年版，第307页。

［19］杨雄、陈建军等：《和谐家庭建设的若干理论》，载洪天慧：《中国和谐家庭建设报告》，社会科学文献出版社2011年版，第347页。

［20］李佩芝等编写：《共产主义道德概论》，山东人民出版社1984年版，第2~4页。

［21］陈晓龙主编：《中国传统文化概论》，陕西师范大学出版社2014年版，第1、2页。

［22］张岱年、方克立：《中国文化概论》，北京师范大学出版社2006年版，第1页。

［23］庄锡昌等：《多维视野中的文化理论》，浙江人民出版社1987年版，第99页。

［24］颜吾芟：《中国历史文化概论》，清华大学出版社2006年版，第1~2页。

［25］方汉文：《西方文化概论》，中国人民大学出版社2018年版，第12~13页。

［26］北京市妇女理论研究会：《新家庭文化概论》，人民出版社2016年版，第4~6页。

［27］张红艳：《马克思恩格斯家庭伦理思想及其当代价值》，广西师范大学出版社2015年版，第11页。

［28］金盛华：《社会心理学（第2版）》，高等教育出版社2005年版，第32页。

二、期刊

［1］马莉：《传承孝文化，建立和谐家庭与社会》，载《兰州学刊》2008年第1期。

［2］向安强、苏时乐、郑庭义、李思思：《传统孝道在建设新农村和谐家庭中的作用与重构》，载《广东农业科学》2009年第9期。

［3］刘继同、左芙蓉：《"和谐社会"处境下和谐家庭建设与中国特色家庭福利政策框架》，载《南京社会科学》2011年第6期。

［4］唐秀华、彭朝花：《创建和谐家庭，营造和谐社会》，载《西北人口》

2010年第6期。

[5] 刘耀伦、钟大松：《村及社区基层管理工作的新探索——彭州市建立"和谐家庭档案"的基本做法和经验》，载《四川档案》2006年第2期。

[6] 张尚字：《大爱精神与和谐家庭文化建设》，载《社会科学家》2010年第6期。

[7] 杨雄、刘程：《当前和谐家庭建设若干理论与实现路径》，载《南京社会科学》2008年第9期。

[8] 潘允康：《对建设平等和谐家庭的理性思考》，载《妇女研究论丛》2007年第2期。

[9] 易银珍、文宁：《和谐家庭文化建设的制度创新研究》，载《湘潭大学学报（哲学社会科学版）》2013年第4期。

[10] 徐安琪：《和谐家庭指标体系及其影响机制探讨——上海的经验研究》，载《江苏社会科学》2009年第2期。

[11] 陈旸：《和谐社会视域下的和谐家庭论析》，载《湖北社会科学》2013年第6期。

[12] 潘允康：《建设和谐家庭的社会标准》，载《江苏社会科学》2010年第1期。

[13] 赵雅丽：《孔子和谐家庭教化思想探微——以〈诗经·郑风〉与上博简〈孔子诗论〉为视角之考察》，载《求实》2006年第S2期。

[14] 邝洁：《论构建和谐家庭的要素结构》，载《深圳大学学报（人文社会科学版）》2011年第5期。

[15] 姚海涛：《论和谐家庭的内涵及其构建》，载《学术论坛》2010年第8期。

[16] 沈洁：《论和谐社会与和谐家庭建设》，载《中国青年政治学院学报》2013年第1期。

[17] 崔应令：《婆媳关系与当代乡村和谐家庭的构建》，载《武汉大学学报（哲学社会科学版）》2007年第2期。

[18] 许放明：《社会发展与和谐家庭模式》，载《社会科学战线》2007年第4期。

[19] 杨荣：《社会主义新农村和谐家庭建设的理论与对策》，载《农村经济》2009年第9期。

[20] 林盛中、王胜今：《试论"建设和谐家庭"对构建社会主义和谐社会的

促进作用》，载《人口学刊》2005年第4期。

[21] 朱平华：《试论农村和谐家庭建设》，载《中国成人教育》2007年第3期。

[22] 谢素贞：《思想政治教育在构建和谐家庭中的作用》，载《学校党建与思想教育》2011年第9期。

[23] 王清、顾庆龙：《陶行知和谐家庭教育观特色考》，载《教育评论》2011年第2期。

[24] 罗文章：《新农村和谐家庭建设的伦理维度》，载《道德与文明》2007年第3期。

[25] 邢秀茶、曹雪梅：《以和谐家庭为主要目标的系统家庭团体辅导实践研究》，载《河北师范大学学报（哲学社会科学版）》2006年第4期。

[26] 郭小香：《恩格斯的一夫一妻制家庭理论与和谐家庭的构建——纪念三八妇女节100周年》，载《江西师范大学学报（哲学社会科学版）》2010年第4期。

[27] 张赛玉：《性别回归：社会性别视野下的和谐家庭建设新探》，载《湖南社会科学》2016年第1期。

[28] 付红梅、朱尧耿：《基于性别平等的和谐家庭论》，载《伦理学研究》2008年第1期。

[29] 李巧玲：《当代城市女性婚恋观对和谐婚姻家庭关系的影响》，载《吉林广播电视大学学报》2014年第6期。

[30] 高小琴：《妇女如何在构建和谐社会、和谐家庭中发挥作用》，载《中小企业管理与科技·下旬刊》2012年第2期。

[31] 王伟宁：《论女性在营造和谐家庭中的责任与义务》，载《河北广播电视大学学报》2006年第3期。

[32] 李静：《性婚姻心理误区对构建和谐家庭的影响》，载《辽宁工业大学学报（社会科学版）》2015年第5期。

[33] 丁丽芳、王静：《女性受教育程度对建设和谐家庭的影响》，载《人力资源管理》2012年第12期。

[34] 林葆先：《妇女权益保障与和谐家庭构建的问题及对策》，载《河北师范大学学报（哲学社会科学版）》2007年第2期。

[35] 蔡荷芳：《论女性在封建和谐家庭建设中的角色要求——读班昭〈女诫〉再思考》，载《皖西学院学报》2009年第4期。

［36］余永跃、李渺：《妇联组织在家庭建设中的作用与路径研究——以湖北省妇联组织为例》，载《山东女子学院学报》2015年第6期。

［37］罗本琦：《马克思恩格斯的和谐价值理念》，载《安庆师范学院学报（社会科学版）》2008年第5期。

［38］王丽丽：《习近平系列重要讲话的和谐理念》，载《中学政治教学参考》2017年第1期。

［39］梁丽：《马克思"和谐共同体"思想与和谐社会构建》，载《重庆邮电大学学报（社科版）》2012年第3期。

［40］余永跃、李渺：《妇联组织在家庭建设中的作用与路径研究——以湖北省妇联组织为例》，载《山东女子学院学报》2015年第6期。

［41］倪婷、姜秀花：《70年妇联组织家庭工作历史考察》，载《中国妇运》2019年第5期。

［42］于光君：《农村婚居模式与性别偏好》，载《湘潭大学学报（哲学社会科学版）》2014年第4期。

三、学位论文

［1］姚敏：《中国特色社会主义和谐家庭研究》，兰州财经大学2019年硕士论文。

［2］彭朝花：《马克思恩格斯家庭观对和谐家庭建设的启示》，兰州大学2011年硕士论文。

［3］孙梅玲：《民营企业职业女性和谐家庭关系建立的社会工作干预研究——以天津市×科技园为例》，天津理工大学2018年硕士论文。

［4］姚敏：《中国特色社会主义和谐家庭研究》，兰州财经大学2019年硕士论文。

四、报纸

［1］于光君：《农村城镇化改变传统"根"文化》，载《中国人口报》2015年3月9日，第3版。

［2］于光君：《法律与农村社区情理的博弈与融合——论农村失能老年人照护中的性别不平等问题》，载《中国人口报》2018年6月27日，第3版。